지워져야 할 사회

지금+여기 ④
지위경쟁사회
-왜 우리는 최선을 다해 불행해지는가?

2016년 11월 30일 초판 1쇄

지은이 | 마강래
일러스트 | 정정선

편   집 | 김희중, 이민재
디자인 | 강찬규
제   작 | 영신사

펴낸이 | 장의덕
펴낸곳 | 도서출판 개마고원
등   록 | 1989년 9월 4일 제2-877호
주   소 | 경기도 고양시 일산동구 호수로 662 삼성라끄빌 1018호
전   화 | (031) 907-1012, 1018
팩   스 | (031) 907-1044
이메일 | webmaster@kaema.co.kr

ISBN 978-89-5769-378-0 (03300)
ⓒ 마강래, 2016. Printed in Goyang, Korea

지금+여기 ④

지위경쟁사회

왜 우리는 최선을 다해 불행해지는가?

마강래 지음

개마고원

좋은 삶의 근본을 보여주고자 노력하셨던,
사랑하는 부모님께

1

위대한 경제학자 케인스조차도 머잖은 미래에 과학기술의 발달로 생산성이 폭증하면서 장시간 노동과 경쟁의 고통 없이도 물자가 넘쳐나는 풍요로운 세상이 도래하리라고 예측한 바 있다. 그가 상상한 2030년 즈음의 일상은 하루 3시간만 일하며, 남아도는 시간에는 음악과 미술 활동에 몰두하거나 책도 읽으면서 이웃들과 가치 있는 삶에 대해 진지한 대화를 나누는 그런 모습이었다. 열심히 일해서 풍족한 사회에 도달하면 그땐 덜 일해도 될 것이라는 생각, 그러나 이건 착각이었다.

복잡하게 따져볼 것도 없다. 오늘날 이 지구상에서 그래도 좀 산다는 OECD 회원국 사람들의 연평균 노동시간은 1770시간으로, 일주일에 약 34시간을 일한다(2015년 기준). 케인스가 일주일에 15시간만 일해도 모두가 다 풍족하게 먹고살 거라던 세상은 어느 모로 보나 멀기만 할 뿐이다. 우리에게 더 실감나기로는, 생활수준에서는 이미 케인스 시대보다 월등한 수준에 이르러 있는 대한민국의 현실일 게다.

2015년 한국인의 연평균 노동시간은 2285시간으로, 일주일에 대략 44시간을 일한다. 그리고도 갤럽의 행복도 조사에 의하면 한국인들의 행복감은 조사대상 143개국 중 118위다. 자살률은 OECD 34개국 중 가장 높다. 가장 오래 일하고, 여가시간은 가장 짧고, 자살률은 제일 높고…. 대한민국은 가장 힘들고, 가장 지루하고, 가장 괴로운 사람들이 모인 곳이 되었다. 뭔가 잘못돼도 한참 잘못됐다. 사람들은 이렇게 살기 어려워진 우리나라를 '헬조선'이라 부른다. 그런데 말이다. 정말 대한민국은 지옥만큼 그렇게 견디기 힘든 곳일까? 최근 자신의 페이스북에 '한국인의 착각'이라는 글을 연재하고 있는 미국 위스콘신대학교 박재광 교수의 생각을 한번 들어보자.

한국인은 요즈음 더 서구문화보다 돈을 중시하고 미래에 대해 더 암울한 예측을 하면서 한국은 살 곳이 못 된다고 착각을 하고 있습니다. (…) 외국에서 보는 한국은 역동적이고 살기 좋은 곳입니다. (…) 우선 의료보험이 좋고 의료비도 저렴해 외국에 사는 한국인들조차 한국에 와서 치료받고 갑니다. 미국에 30년 가까이 살면서 한국 같은 정기검사를 한 번도 받아 본 적이 없습니다. 허리가 아파 전화를 하면 1~2개월 뒤에나 의사를 만날 수 있습니다. (…) 대중교통은 아마 세계 최고일 것입니다. 일 년 동안 살면서 차가 없어도 큰 불편 없이 잘 지냈습니다. 교통카드 하나면 어디서든지 쓸 수 있고 교통비도 무척 저렴합니다. (…) 전기, 상하수도료도 세계에서 가장 저렴한 국가 중의 하나입니다. 전기는 미국보다 조금 저렴하고 유럽이나 일본에 비해서는 0.3~2.3배 저렴합니다. (…) 미국 살면서 한국이 그리운 것 중의 하나가 음식과 배달입니다. 언제든지 원하는 음식을 시키면 신속하게 배달됩니다. 이제는 전국이 평준화 되어 맛도 비슷하고 고급음식점에서 내놓는 음식은 한 폭의 그림 같습니다. (…) 지금 한국은 국민 모두 머리에 바람이 너무 많이 들어있습니다. 마치 한국인 모두 부자인양 생각하고 기대치에 못 미치면 망할 나라라고 욕을 하는 듯 보입니다. 또 좋은 대학 못 들어가면 부모 탓, 사회 탓을 합니다. 인생이 대학의 수준에 따라 결정된다고 생각하지만 사실 그렇지 않습니다. (…) 한국이 얼마나 가능성이 높고 역동적인 사회인지 깨닫고 자신의 길을 찾아나가기를 바랍니다.[1]

맞다. 우리나라는 의료보험도 잘되어 있고, 대중교통도 세계 최고 수준이며, 전기료와 상하수도료도 싸고, 발달된 배달문화 덕에 매우 편리한 생활을 누리고 있다. 해외에 나가보면 한국이 얼마나 효율적인 시스템을 가지고 있는지 금방 느낄 수 있다. 그런데 이런 풍요 속에 사는 한국 사람들은 왜 자신이 사는 곳을 지옥에 빗대며 푸념하는 걸까? 박 교수의 말처럼 한국인들이 어처구니없는 착각에 빠져 있어서일까?

아니다. 오히려 한국은 풍요로운 사회가 지옥 같은 곳이 될 수 있음을 보여주는 전형적인 예다. 한국은 분명 의료비가 저렴하다. 하지만 이렇게 되기 위해 의사들은 많게는 하루 300~400명의 환자를 보며 '대화 없는 1분 진료'를 하는 경우까지 나온다. 대중교통 역시 서비스도 좋고, 교통망도 잘 발달되어 있다. 하지만 세계 최고의 대중교통 뒤에는 살인적 근무여건에 시달리며 곡예운전을 하는 버스기사들이 있다. 집으로 찾아가는 배달서비스는 어떠한가? 음식주문은 전화를 끊기가 무섭게 도어벨이 울린다고 할 정도다. 제품 수리의 경우는 하루이틀만 기다리면 편안한 서비스를 받을 수 있다. 하지만 세계인이 감탄하는 음식배달과 제품 애프터서비스 문화의 뒤에는 시간에 쫓기며 고객의 비위를 맞춰야 하는 감정노동자의 고통이 자리하고 있다. 한국 중고생의 학업성취도는 전세계에서 으뜸이다. 하지만 그 대가로 우리나라 중고생들은 하루 10시간 이상을 학교와 학원에서 보내며 극심한 스트레스와 우울증에 시달리고 있잖은가.

이렇게 겉보기에는 풍요로운 사회지만 그 이면에는 힘들고 지친 자들의 푸념과, 쫓기며 압박받는 자들의 불안이 존재한다. 이들의 마음속은 지금보다 더 나아져야 한다는 강박과 남들에게 뒤처져서는 안 된다는 위기의식으로 가득하다. 일터에서, 학교에서, 시장에서 그 풍요로움 뒤의 어두운 그림자에 조금 더 관심을 기울여보면 '겉은 아름답지만 속은 고통스런 경쟁의 지옥'을 목도하게 된다. 세상은 풍족한데 도대체 그 속의 삶은 왜 이러할 수밖에 없는 걸까?

2

이 물음이 마음 한구석에 똬리를 튼 뒤, 문득 한편에선 '이젠 나도 쉬고 싶다'는 조그만 목소리가 울리기 시작했다. 그 지친 목소리가 점점 또렷해질 즈음 내적인 혼란이 시작되었던 듯하다. 혼란스러움은 오래지 않아 괴로움으로 바뀌었고, 그 잡스런 상념들로부터 도망이라도 치듯 한동안 소홀했던 독서에 다시 매달렸다. 무작정 손이 가기 시작한 책은 인간의 욕망과 경쟁에 관한 책들이었다. 집착하듯 독서에 빠져 있는 동안, 도처에 널린 경쟁사회 속에서 받은 내면의 상흔傷痕들이 하나둘 보였다. 마음이 편해지기 시작한 건 주변의 많은 사람들도 나처럼 불안해하고 있다는 걸 이해하면서부터다. 같은 인간이기에, 그래서 동일한 본성을 가지고 있었기에 '우리들' 모두가 같은 아픔과 고통 속에 살고 있었던 것이다.

풍요로운 사회에서도 지속적인 성과 압박에 시달리는 우리 현대인들, 물질이 차고 넘치는 사회임에도 더 많은 성과를 이루어야 한다는 강박증, 또 그 모든 성과에 기어코 우열을 가리는 세상. 이런 세상에서는 모두가 서로 상대를 뛰어넘으려 한다. 을이 갑을 뛰어넘으려 하고, 병도 을보다 나아지기 위해 노력하며, 갑도 을과 병에 따라잡힐까 밤잠을 설친다.

꼬리를 무는 '왜 이럴 수밖에 없는가' 하는 물음 끝에서 우리 사회의 '상대평가' 문화가 어렴풋이 모습을 드러내기 시작했다. 물질적 결핍을 겪던 시기의 상대평가는 부족한 자원을 누구에게 더 배분할지 결정하기 위한 것이었다. 목적은 자원이고 평가가 자원배분을 위한 수단으로 사용된 것이다. 하지만 물질적 희소성이 줄어든 풍요의 시대에서 사람들은 사회적 영역인 '지위'로 관심을 돌린다. 이제 지위는 그 자체가 목적이다. 그리고 획득한 자원은 그 지위를 증명하기 위한 수단이다. 더 높은 지위로 오르기 위한 다툼은 더 특별한 자원을 획득하기 위한 경쟁의 형태로 나타난다. 사람들은 남들이 가지지 못한 것을 얼마나 더 가졌는지에 관심을 기울이며, 남의 눈에 더 띄도록 자신의 지위를 차별화하는 경쟁에 참여한다.

이러한 '지위경쟁'에서 타인에게 존재감을 확실히 인식시키는 방법은 최고가 되는 것이다. 그래서 풍요로운 시대에서 벌어지는 상대평가는 최고에 오르지 못한 대다수를 '부족한 자'로 몰아넣는다. 부족한 자들이 느끼는 결핍감의 토대는 '남보다 뒤처져 있다!'는 불안감이다. '뒤처져 버림받을 것 같은 불안(다른 이들로부터 사랑받지 못할 것 같은 느낌)'은 상대평가 문화의 내재적 논리로서, 이로 인해 우리는 지친 심신을 가질 수밖에 없는 운명에 처하게 되었다. 승자독식사회의 차등보상 시스템에서 자라나는 불안은 경쟁에 무한동력을 제공함으로써 악순환의 고리를 만들어내고 있다. 이로부터 탈출할 길은 과연 있는 걸까?

이제부터 상대평가가 어떻게 경쟁을 유발하는지, 그리고 풍요로운 사회로 변함에 따라 경쟁의 양상이 어떻게 변해왔는지를 독자 여러분과 함께 살펴볼 것이다. 특히 풍요의 시대에 '지위에 대한 상대평가'가 궁극적 목적으로 남아버린 까닭과, 앞으로 지위경쟁이 왜 더욱 격화될 수밖에 없는지에 대해서도 함께 이야기해보고자 한다. 그러기 위해 우선 '지위경쟁'의 개념부터 분명히 한뒤, 그 지위경쟁이란 렌즈로 한국 사회의 노동·소비·교육·결혼등 여러 부문의 사례들을 살피고 분석해볼 것이다. 이를 통해 이책은 지위경쟁이 갖는 낭비적 성격을 설명하면서, 풍요로운 사회속의 고단함이 '지위'라는 신기루를 좇는 집단적 헛수고에서 기인했음을 지적하고자 한다.

읽는 도중에 독자 여러분은 여러 가지 경제학 용어나 개념들과 마주칠 것이다. 다소 어려운 개념이 될 수도 있겠지만, 해당 내용을 보다 정확히 이해하는 데 필요한 만큼 최대한 잘 전달하려노력했다. 이 책과의 만남이 지위경쟁사회에서 얻은 피로와 불안감을 떨쳐내는 계기가 되길 소망한다.

2016년 11월
마강래

차례

03
소비는 잘 보이기 위한 지위경쟁

04
학벌사회에서의 지위경쟁

05

더 나은 배우자를 얻기 위한 지위경쟁

06

무한히 허용해서는 안 되는 지위경쟁

01

지위경쟁이란
무엇인가?

———

풍요로운 사회에서의 상대평가는 목적 잃은 참여자들을

양산한다. '원하는 걸 충족한 상태'에서는 나른 사람보다

더 높은 위치에 서는 데만 온 신경과 노력을 집중하기

때문이다. 이러한 현상은 경쟁의 종류와는 무관하게

나타난다.

———

경쟁은 타인과의 비교라는
상대적 개념이다

현 시대를 살아가는 우리에게 경쟁은 너무나도 자연스런 삶의 일부가 되어 있다. 혹자는 엄마와 이어진 탯줄을 끊는 순간부터 경쟁은 피할 수 없는 숙명이라고 말한다. 부모의 사랑을 두고 다투는 형제자매와의 경쟁을 시작으로 남보다 앞서기 위한 경쟁은 죽을 때까지 이어진다. 중고등학생들의 성적 경쟁, 대학생들의 취업 경쟁, 직장인들의 승진 경쟁은 두말할 나위도 없다. 좋은 학군에 입성하고자 하는 바람, 키가 더 크고 싶은 바람, 내 아이에게 더 좋은 옷을 입히려는 바람, 더 큰 집에 살고 싶은 바람, 비싼 자동차를 타고 싶은 바람… 이런 바람들은 타인과의 비교 속에서 상대적으로 더 좋은 위치를 차지하고자 하는 개인의 욕망을 반영한다.

경쟁은 하나의 목적에 대해 상대를 이기거나 앞서려는 겨룸이다. 이런 경쟁의 결과는 '절대적 질'이나 '절대적 양'으로 판단된 게 아니다. 경쟁은 타인과의 '상대적' 비교가 기본이다. 누군가가 좋은 학교에 입학했다고 했을 때 '좋다'는 것의 기준은 학교의 절대적 질이 우수하다는 의미보다는, 그 학교가 다른 학교에 비해 상대적으로 낫다는 의미다. 학생들이 실제로 인간 능력의 몇 %를 발휘하고 있는지, 학생들의 시험점수가 교육을 통해 달성코자 하는 기준에 적합한 것인지는 다른 차원의 문제이다. 그저 현 상태에서 더 성적이 높고, 앞으로도 그러리라 예상되는 아이들이 모인 학교에 입학했다는 것이 곧 경쟁에서의 승리로 간주된다.

서연고서성한중경외시… 수험생과 학부모들이 빨주노초파남보나 태정태세문단세처럼 하나의 공식인 양 달달 외우고 있는 한국 대학교들의 순위. 이러한 평가는 비공식적으로 통용되는 것만이 아니다. 서울대 1등, 성균관대 2등, 한양대 3등, 연세대 4등, 고려대 5등, 서강대 6등, 이화여대 7등, 중앙대와 한양대(에리카캠퍼스) 공동 8등, 서울시립대 10등. 권위 있는 국내의 한 신문사가 평가한 2015년의 대학 순위이다. 이 신문사는 교육여건·교수연구·평판도·학생교육 등의 여러 평가지표를 기반으로 매년 대학들의 순위를 매긴다. 유명 신문사가 발표한 것이니 학교와 학원가에 미치는 파급력은 실로 막강하다. 대학들은 한 계단이라도 더 올라가기 위해 온갖 전략을 짜낸다. 해마다 평가 결과가 발표될 즈음의 대학가는 폭풍전야의 긴장으로 휩싸인다.

이런 상대평가에 의한 순위매김은 대학에 국한되지 않는다. 용인외대부고 1등, 서울예고 2등, 서울과고 3등, 대원외고 4등, 하나고 5등, 경기과고 6등, 상산고 7등, 대구과고 8등, 민사고 9등, 세화고 10등. 서울대에 가장 많은 학생을 보낸 상위 10개교의 명단이다. 학생들도 우열가림의 예외는 아니다. 중고생들의 성적표에는 학급석차는 어떠한지, 전교에서 몇 등을 했는지, 과목별 석차는 어떻게 되는지 상세히 표시된다. 전국적으로 시행되는 학력

평가 성적표에는 전국 수십만 명의 응시자 가운데 몇 등인지까지 친절히 표기된다.

이렇게 상대평가에 의한 우열가림은 우리 사회 전체를 뒤덮고 있다. 이제 평가의 대세는 '좋거나 나쁜 걸 가리는 것'보다 '더 좋거나 더 나쁜 걸 가리는 것'이다. 이 시대를 살아가는 우리들은 자신의 일거수일투족을 다른 이들과 비교하면서 일희일비한다. 시험을 얼마나 잘 보았는지, 회사에서 보수를 잘 받고 있는지, 훌륭한 실적을 냈는지에 대한 평가는 다른 이들과 비교하지 않고서는 내릴 수 없다. 주변에서 쉽게 접하는 각종 오락거리나 여러 가지 이야깃거리들에도 상대적 우열가림의 프레임이 압도하고 있다. 가령 스포츠를 보자. 스포츠 경기에서의 승패는 단순히 운동 잘하는 사람이나 팀을 판별하는 게 아닌 '더' 운동 잘하는 사람이나 팀을 가리는 것이다. 아무리 환상적인 경기력을 보여줬다 해도 상대에게 지면 그 빛은 사그라질 수밖에 없다.

이 밖에도 오디션 프로그램의 순위 경쟁, 영화 관객 모으기 경쟁, TV 시청률 경쟁, 올림픽 메달 경쟁 등 끝없는 우열가림의 퍼레이드는 일상의 단편들 속에 자연스레 스며들어 있다. 국가도 우열가림의 예외가 아니다. 경제력·임금·실업률·자살률·혁신성·부채율·교통사고율·교육투자·흡연율·삶의 질 등 다른 나라와의 비교를 통한 우열가림은 그 끝을 알 수 없을 정도다. 이렇게 사회 전반에 깔린 상대평가의 프레임은 우리가 숨 쉬는 공기처럼 자연스럽고 당연한 것이 되어버렸다.

보상의 격차는 사람들 마음에
경쟁심을 심는다

상대평가를 통한 우열의 구분은 남보다 잘나가는 자와 그렇지 못한 자를 명료하게 드러낸다. 1등은 2등보다 우월하다. 또한 2등은 3등보다, 3등은 4등보다 낫다. 이처럼 경쟁에서의 등수 매기기는 상대적 우열을 적나라하게 드러낸다. 등수매김 뒤에는 상대평가가 자리 잡고 있다. 상대평가 시스템에서는 '남들에 비해 더 ~한 것'만이 성취의 기준이다. 상대평가는 더 잘하는 것과 덜 잘하는 것, 더 큰 것과 덜 큰 것, 더 빠른 것과 덜 빠른 것, 더 정확한 것과 덜 정확한 것을 나눈다. 우리 모두는 너무나 잘 알고 있다. 순위를 나타내는 숫자는 작으면 작을수록 좋다는 것을.

이러한 상대평가는 '보상'의 개념과 결합되면서 사람들의 마음속에 경쟁심을 유발한다. 1등이 2등에 비해 더 큰 보상을 받고, 2등이 3등에 비해, 3등이 4등에 비해 더 높은 보상을 받을 때 순위는 의미를 갖는다. 여럿이 동일한 목적으로 경쟁하는 상황에서, 실적에 따라 순위를 부여한다고 치자. 만일 순위에 상관없이 모두에게 동일한 보상을 한다면 이런 순위매김은 사람의 마음을 움직이지 않는다. 초등학교 운동회의 달리기에서는 1, 2, 3등의 순위만 정하고 보상이 없는 경우도 많다. 또 달리기에 참여한 모든 학생에게 똑같이 공책을 나눠주는 경우도 있다. 친선체육대회에서 일등과 꼴찌를 가리지 않고 경기에 참여한 팀 모두에게 똑같은 보상을 주기도 한다. 이런 상황은 사람들에게 경쟁심을 유발하지 않는다. 상대평가가 사람들의 마음을 움직이게 하려면, 그 속에 보상이 포함돼 있어야 한다.

상대평가를 통한 보상의 차등화가 뚜렷해질 때 사람들은 본격적으로 남을 이기기 위한 경쟁에 뛰어들게 된다. 경쟁의 강도는 보상이 어느 정도 차등화되어 있는지에 따라 달라진다. 상대적으로 우열을 가리고 보상을 약간만 차등화하는 것만으로 사생결단의 경쟁심이 생기지는 않는다. 초등학교 운동회에서 $100m$ 경주를 한다고 하자. 운동장 한쪽 구석에서 5명 내외의 참여자 모두가 열심히 뛰었다. 결승선에 먼저 도착한 셋의 팔목에는 도장이 찍혔다. 그들의 손에는 공책이 쥐어졌다. 1등은 공책 5권, 2등은 3권, 3등은 1권. 공책을 손에 든 학생들의 얼굴에는 함박웃음이 가득 차올랐다. 반면에 공책을 받지 못한 학생들의 얼굴에는 아쉬움이 묻어났다. 하지만 그 아쉬움은 쓰라리지 않으며 그저 다음에는 더 잘 달려보리라고 다짐할 뿐이었다. 이처럼 상대적 우열이 명확한 구조에서도, 보상이 대단하지 않거나 보상의 격차가 크지 않은 경우에는 다른 사람을 앞서야겠다는 마음이 강하게 들지 않는다.

자, 이제 상황을 바꾸어보자. $100m$ 달리기에서 가장 빨리 달린 한 아이에게만 모든 아이들이 바라는 것을 상품으로 준다고 하자. '에버랜드 자유이용권'이나 혹은 '최신형 스마트폰'이어도 좋다. 상품을 받지 못하는 아이들의 마음은 어떻겠는가. 그리고 이런 아이들이 승자를 바라보는 시선은 어떠하겠는가. '다음에는 반드시 이기고 싶다'는 결의로 가득찰 것이다. 상품을 손에 쥔 어린이도 마찬가지다. '다음에도 반드시 이길 것이다'는 다짐을 할 것이다. 앞에 서는지 혹은 뒤에 서는지에 따라 보상의 격차가 확연한 시스템은 '더 노력해야 한다! 그러지 않으면 아무것도 못 받을 수 있다'는 압박감을 심으며 사람들을 경쟁으로 몰아넣는다.

'벌칙penalty'은 사람들의 마음속에 경쟁심을 유발하는 또 다른 요인이다. 남보다 앞서가는 사람들의 손에 쥐어지는 게 보상이라면, 벌칙은 뒤처진 사람들에게 가해지는 것이다. 이러한 벌칙도 우리의 일상 곳곳에 녹아 있다. 주요 대기업이나 공기업에서의 인사제도는 직원들을 성과에 따라 보통 이렇게 분류한다. '고성과자/보통성과자/저성과자'로, 또는 '핵심인재/보통인재/저성과자'나 'A player/B player/C player' 등으로 구분한다. 이 중 가장 아래에 있는 저성과자나 C등급자는 재교육이나 재배치, 감봉, 퇴출 등의 대상이 된다. 벌칙이다.

기업들은 저성과자들을 위한 이런 재교육 프로그램을 해고의 우회 수단으로 사용하기도 한다. 큰 폭으로 월급을 깎기도 하고, 엉뚱한 부서로 발령을 내기도 하며, 심지어는 회사에서 커피를 타거나 우편물을 분류하는 등의 허드렛일을 시키기도 한다. 재교육 프로그램을 이수해야 하는 저성과자들의 이름은 사내 직원들에게 공공연히 알려진다. 이들이 느끼는 모멸감과 스트레스는 이루 말할 수 없다. 이는 저성과자들에게만 국한되는 것이 아니다. 이들 주변 동료들의 마음속에도 '나도 그들처럼 취급될지 모른다'는 불안감이 심어지고, 그렇게 되지 않으려고 더 치열하게 경쟁하게 만든다.

실제로 미국의 많은 회사들은 저성과자를 솎아내어 차별하는 정책을 펴고 있다. 차별의 극단에는 쫓아내기, 즉 해고라는 강력한 벌칙이 있다. 이른바 '저성과자 해고 프로그램'으로는 제너럴 일렉트릭GE의 회장이었던 잭 웰치Jack Welch의 활력곡선vitality curve 인사시스템이 대표적으로 꼽힌다. GE의 활력곡선은 직원들을 가장 성과가 높은 상위 20%와 그럭저럭 일을 하는 70%, 그리고 10%의 저성과자로 분류한다. 웰치는 직원들이 성과에 따라 보상받거나 벌을 받아야 한다고 생각했다. 가장 생산성이 높은 20%의 직원들은 승진이나 임금인상, 스톡옵션 등의 보상을 받았다. 70%의 직원들은 상위 20%로 올라갈 수 있도록 독려받지만 이들에게 돌아가는 보상은 거의 없었다. 나머지 10%의 저성과자들은 회사에서 해고되었다.

이 제도로 인해 GE의 수익은 1981년부터 2001년까지 20년간 28배가 증가했다. 많은 기업들이 웰치가 제안한 활력곡선의 마법에 열광했고, 이 제도는 미국 전역으로 빠르게 퍼져나갔다. 현재에는 포춘 500기업(『포춘지Fortune magazine』가 선정한 미국에서 가장 큰 500개의 기업)의 60% 정도가 직원들에게 순위를 매기고 이들을 달리 대우하고 있다.[1] 활력곡선은 능력에 따른 보상의 차등화 전략으로 이해되곤 한다. 실적에 따라 보상이 점차 늘어나기 때문이다. 이런 보상의 차등화는 열심히 일하면 더 많은 보상을 받을 수 있다는 희망을 심어준다. 동시에 까딱하면 나도 쫓겨날 수 있다는 두려움도 함께 심는다. 실제로 미국인들은 활력곡선을 '랭크 앤 앵크rank and yank'라 부른다. 순위를 매긴다는 의미인 '랭크'와 해고한다는 뜻인 '앵크'에서의 '크'는 자연스런 운율을 타고 이어진다. 순위매김으로부터 시작해 해고로 이어지는 수순이 자연스런 리듬인 것처럼 말이다. 이런 운율이 드러내는 바는 무엇일까? 그건 바로, 미국인들은 순위매김을 보상보다는 벌칙으로 이해하고 있다는 점일 것이다.

'최고 실적으로부터 순위에 따라 점차 보상이 감소'(보상의 차등화)한다는 의미는 '최저 실적에 순위가 가까울수록 점차 벌칙이 증가'(벌칙의 차등화)한다는 얘기이기도 하다. 중간에서 그럭저럭 보수를 받는 사람들은 그럭저럭 벌칙을 받는 것이라 볼 수 있다. 실적이 매우 높은 사람들에게는 후한 보상이 주어지지만, 가장 실적이 나쁜 꼴찌들에게는 해고라는 극단적 벌칙이 주어진다. 이 벌칙은 살아남은 사람들의 마음속에 두려움을 심는다. 해고자들이 느끼는 고통은 살아남은 사람들에게 전이된다. 마음속에 심어진 이 부정적 감정은 다른 이를 이겨야 한다는 경쟁심의 강도를 높인다.

뒤처지는 사람들에게 벌칙을 적용하는 게 경쟁의 강도를 얼마나 높이는지 보여주는 가장 좋은 예는 우리가 어렸을 적 한두

번 정도는 해보았던 의자놀이일 게다. 10명의 어린이가 참여하는 놀이에서는 빈 의자 10개가 놓인다. 어린이들은 둥글게 배치된 빈 의자 주위를 음악에 맞추어 빙글빙글 돌다가 음악이 멈추면 의자에 앉아야 한다. 첫번째 라운드에서는 모두가 의자에 앉을 수 있겠지만, 두번째 라운드부터는 의자를 하나씩 빼고 시작한다. 이렇게 의자에 앉지 못하는 1명은 반드시 탈락해야 하는 방식으로 라운드는 계속 이어진다. 초반에는 '절대적으로' 느린 아이가 탈락하기 쉽다. 그러나 라운드를 거듭할수록 '절대적으로' 빠른 아이들 중에서도 '상대적으로' 느린 아이는 게임에서 탈락하게 된다.

게임의 후반으로 갈수록 살아남은 아이들 간의 경쟁은 매우 치열해진다. 다른 이들의 움직임에 더욱 민감해지기도 하고, 때로는 반칙에 가까운 완력이 사용되기도 한다. 게임은 최종 승자가 결정될 때 끝나게 된다. 의자놀이에서의 보상은 '살아남은(?) 아이들이 다른 아이들에게 받는 부러움'이다. 그리고 후반 라운드로 갈수록 살아남은 아이들은 영웅시될 것이니, 이들의 보상은 점점 커지게 된다.

의자놀이는 즐겁게 놀기 위한 아이들의 게임에 불과할 수 있다. 마치 운동회 경기에서처럼 적당한 수준의 아슬아슬함과 재미, 그리고 손에 땀을 쥐는 긴장이 혼합된 그런 유의 놀이다. 그래서 의자놀이에서의 경쟁은 그리 비장하거나 결연하지 않다. 하지만 이런 의자놀이의 기본 룰, 즉 '상대적으로' 가장 동작이 늦은 자, 이제 256974 번째 라운드를 시작하겠습니다.

아이를 게임에서 배제하는 방식이 현실에 적용된다면? 그런 경쟁은 의자놀이와는 차원이 다르다. 생존과 직결된 경쟁, 도태가 기회의 영구적 상실을 의미하는 경쟁은 그 자체로 살벌한 모양새를 띨 수밖에 없다. 그러니 뒤처진 자들에게 혹독한 벌칙을 가하는 방식은, 앞서가는 자들에게 보상을 하는 방식처럼 경쟁의 강도를 높이는 데 매우 효과적인 방법이 된다.

남들만큼은 노력해야
'그 모양 그 꼴로'라도 산다

순위에 따라서 보상과 벌칙을 차등화한다면, 사람들은 경쟁에서 얻는 객관적 성과보다는 '자신의 상대적 위치'에 더욱 큰 관심을 기울이게 된다. 상위 20%인 A등급자에게 매우 후한 보상을 주고, 하위 10%인 C등급자를 퇴출시키는 활력곡선으로 다시 돌아가 보자. 이런 평가가 매해 반복되면 얼마 지나지 않아 회사에 도움을 주지 못하는 C등급자들은 모두 제거되고 말 것이다. 그리고 회사는 성과를 가장 많이 냈던 A등급자들로만 채워질 것이다. 그래도 이들 중 누구는 B등급자가 되어야 하고, 또 다른 누구는 C등급자가 되어야 한다. 중간 그룹인 B등급자들은 상위 20% 내에 들기 위해 노력을 기울일 것이다. B등급의 누군가가 상위 20% 그룹으로 들어가면 A등급이었던 누군가는 아래로 내려와야 한다. 반대로 B등급의 누군가가 하위 10%로 내려가면 C등급이었던 누군가는 위로 올라서게 된다.

상대평가 시스템에서 '다 함께 참 잘하는 경우'는 없다. 어떤 사람이 다른 사람에 비해 성과가 좋다면 잘하는 것이고, 그 반대의 경우는 못하는 것이다. 이렇듯 상대적 위치로 표현된 언어는 그만큼 명료하고 깔끔하다. 누군가가 다른 사람을 앞선다면, 반드시 어떤 이들은 뒤처져야 한다. 그게 상대평가 시스템의 본질이다.

이러한 의미에서 상대평가는 '의도하지 않은 타인에 대한 영향력', 즉 '외부성externalities'이 강하게 나타나는 제도라 할 수 있다.[2] 경제학 교과서에서는 외부성을 '어떤 경제주체의 행위가 제3자에게 의도하지 않은 이익이나 손해를 주고도 이에 대한 대가를 치르지 않은 것'으로 정의하고 있다. 다른 사람에게 좋은 영향을 주고도 대가를 받지 않는 경우를 '외부경제positive externalities'라 하고, 반대로 다른 사람에게 나쁜 영향을 주고도 이에 대해 보상하지 않는 경우를 '외부불경제negative externalities'라 부른다. 예를 들어 직장에서 쌓인 스트레스를 풀기 위해 야밤중에 몇 곡조씩 뽑아대는 한 남자가 있다고 하자. 이 남자의 노래가 이웃의 심금을 울린다면 외부경제를 발생시키는 것이다. 하지만 야밤에 부르는 노래는 그럴 확률이 낮다. 이웃의 마음을 불편하게 하는 '소음'인 경우가 대부분이다. 정말로 야밤의 노래가 잡소리라면 이건 외부불경제라 할 수 있다.

외부경제를 발생시키는 당사자는 다른 사람들을 즐겁게 만든다. 그래서 딱히 남들의 불평을 들을 이유가 없다. 하지만 외부불경제의 경우는 사정이 다르다. 피해를 준 측에서는 '그럴 의도가 없었다'고 하지만, 당하는 측에서는 '너 때문에 힘들다'고 불평하기 때문이다. 경제학에서는 이런 외부불경제 효과가 존재할 때 사회적 비용social costs이 사적 비용private costs보다 큰 경향이 있다고 얘기한다. 바로 앞에 든 남자의 예에서, 자신의 기분을 풀기 위해 노래를 부르는 남자가 들인 사적 비용은 '노래를 부르기 위해 힘을 쓴 것과 시간비용' 정도일 것이다. 반면에 사회적 비용은 이 사적 비용에다 '이웃에게 간 피해를 없애는 데 들이는 비용'까지를 포함한다. 이 비용은 방음시설을 설치하는 데 써야 하는 돈일 수도 있고, 이웃의 피해를 보상하기 위한 선물 등이 될 수도 있다.

'사회적 비용 > 사적 비용'이라는 얘기는, 외부불경제를 일으킨 당사자가 자신이 부담해야 할 비용을 타인에게 떠넘긴다는 의미다. 야밤에 노래를 부르는 남자의 예로 다시 돌아가면, 이 남자는 자신이 짊어져야 할 비용의 일부를 다른 사람에게 떠넘기기 때문에 '한밤중에 노래를 과대 생산(?)'하고 있는 것이다.

이렇게 의도하지 않았지만 남에게 영향을 미치는 외부효과는 특히 상대평가 시스템에서 극대화되어 나타난다. 어떤 이의 노력이 다른 이들의 성취에 직간접적인 영향을 주기 때문이다. 그래서 상대평가 시스템에서는 '자기 일이나 잘하는' 경우란 없다. 누군가가 열심히 공부해서 성적을 올리면 다른 이들의 성적이 내려가고, 더 좋은 옷을 걸치고 다니면 주변 사람들은 덜 좋은 옷을 입은 사람이 된다. 직장에서도 마찬가지다. 누군가가 열심히 일을 하면 다른 사람들은 예전처럼 똑같이 일해도 상대적으로 덜 열심히 하는 사람이 되는 것이다. 상대적 관계로 평가했을 때 어떤 이의 약진躍進은 반드시 다른 이의 퇴보로 이어지게 된다. 결국 상대평가를 통한 경쟁에서는 내가 얼마나 노력을 하고 있는지도 중요하지만, 다른 이들이 어느 정도 노력을 기울이고 있는지도 중요하다.

"노력하지 않으면 그 모양 그 꼴로 살 거야!" 이건 맞는 말이 아니다. 노력하지 않으면 그 모양 그 꼴로도 못 산다. 그 모양 그 꼴로 살기 위해서라도 다른 이들만큼은 노력해야 한다.

루이스 캐럴Lewis Carroll이 쓴 『이상한 나라의 앨리스』의 속편 『거울나라의 앨리스』에서는 이와 관련된 재미난 비유가 등장한다. 소설에서 앨리스는 레드퀸Red Queen과 함께 숲속을 달려가지만 계속 같은 곳에 멈춰서 있는 것처럼 느낀다.[3] 앨리스가 그 이유를 레드퀸에게 묻자, 그녀는 다음과 같이 대답한다.

"이곳에서는 제자리에 머물고 싶으면 최선을 다해 달려야 해. 어디든 다른 곳으로 가고 싶다면 지금보다는 두 배는 빨리 뛰어야 하지."

모두가 함께 같은 곳을 향해 똑같은 속도로 달려가는 상황에서는 순위가 변하지 않는다. 누군가 좀 더 빨리 가기 위해서 속도를 높일 때 순위는 변동한다. 물론 이 변화에 맞춰 타인들도 똑같이 속도를 높인다면 순위는 또 그대로가 된다.

이런 '레드퀸 효과Red Queen Effect'는 긴 노동이 그보다 더 긴 노동을 낳고, 많은 소비가 더 많은 소비를 낳는 본질적 이유를 설명하고 있다. 경쟁에 참여하는 사람들은 이러한 레드퀸 효과에 대해 매우 잘 이해하고 있다. 노력의 결과를 우열가림으로 평가하는 사회에서 '더 노력하지 않을 경우' 줄의 뒤쪽으로 점점 처진다는 걸 체득한 것이다. 그러니 상대평가 사회에서 사회적 부는 계속적으로 증가할 수밖에 없다. 더 높은 성취를 위한 개인들의 노력은 경쟁 참여자들의 절대적 수준을 빠르게 끌어올리면서 공진화共進化, coevolution 한다. 공진화의 결과로 모두가 받게 되는 '보상의 합'은 계속적으로 커지게 된다. 이제 경쟁은 또 다른 차원에서 진행된다. '더 큰 몫'을 둘러싼 '더 치열한 경쟁'의 양상을 보이는 것이다.

더 많은 노동과 소비, 그리고 교육은 사회적 표준을 지속적으로 끌어올린다. 이러한 사회경제 활동의 양적 팽창으로 인해 절대적 수준이 충분히 높아진 상황, 즉 우리 모두가 바라왔던 풍요로운 상태로 진입하게 된다. 거리에는 번쩍거리는 차들이 가득하고, 시장엔 미처 팔리지 못한 상품들로 넘쳐난다. 대기업 회장님이 살 법한 럭셔리한 아파트와 고급 식당들도 도시의 이곳저곳에

들어서 있다. 이젠 사람들의 수준도 다르다. 대부분의 회사원들은 복잡한 업무도 컴퓨터를 이용해 효율적으로 정리하고 분석한다. 중학생들도 미적분과 고차방정식 풀이에 도전할 정도로 똑똑하고, 각 분야의 박사들은 매해 만 명씩 새로이 쏟아져 나온다. 불과 사오십 년 전에는 꿈도 꾸지 못했던 세상이다. 하지만 이런 풍요로움에 지레 감동할 필요는 없다. 앞으로 사람들은 더 많이 노동하고 소비하며, 더 치열히 공부할 것이기 때문이다. 분명한 건, 지금보다 더욱 풍요로운 세상이 우리를 기다리고 있다는 사실이다.

풍요로운 사회를 만들어낸
상대평가

좋은 학교, 좋은 자동차, 좋은 지역, 좋은 가방의 기준은 다른 사람이 다니는 학교, 타고 다니는 차, 살고 있는 지역, 가지고 다니는 가방 없이는 가늠하기 힘들어졌다. 누군가가 좋은 학교에 다닌다면 누군가는 반드시 후진 학교에 다녀야 하고, 누군가가 좋은 지역에 산다면 다른 누군가는 반드시 후진 지역에 살아야 한다. 상대평가는 중간에 있는 사람을 그저 그런 사람으로, 그리고 뒤에 있는 사람을 패자敗者로 전락시킨다. 경쟁에서 패한 사람은 군말 없이 벌칙을 받아야 한다. 이는 풍요로운 사회에도 적용되는 규칙이다. 그러니 무시당하지 않으려면 어떻게든 남보다 나아야 한다.

상대평가 체계에서는 '다른 사람의 노력의 결과'가 '내 노력의 결과'에 영향을 주게 된다. 마찬가지로, 내 노력은 다른 사람의 노력의 결과에도 영향을 미친다. 심지어는, 오로지 자신만을 위해 노력한 경우조차도 다른 이들에게 영향을 준다. 책을 너무나 좋아해서 자나 깨나 손에서 책을 놓지 않는 학생은 다른 학생들을 긴장시킬 수 있다. 일에 푹 빠진 회사원 또한 동료들의 시기를 살 수 있다. 이처럼 누군가의 약진은 다른 이들을 긴장시키는 촉매가 된다. 내 노력의 결과는 다른 사람의 노력에 좌우되는 종속변수가 되고, 또다시 다른 사람들의 노력을 유발하는 독립변수로 작용한다. 서로가 서로를 견제하니 대부분은 '상대적으로' 제자리걸음이다. 변한 건 단지 모두가 예전보다 더 노력하고 있다는 것, 그리고 모두의 이런 노력으로 인해 필요 이상의 과실果實이 넘쳐나고 있다는 것뿐이다. 이것이 상대평가의 우열가림이 부의 창출을 위한 훌륭한 수단으로 사용될 수 있는 이유이다. 다음의 예를 보자.

어떤 회사에 갑·을·병이라 불리는 세 명의 노동자가 있었다. 이들의 능력은 서로 엇비슷했다. 그리고 세 사람 모두 8시간씩 일하고 있었다. 회사 사장은 갑·을·병이 조금씩만 더 일하면 회사의 수익이 더 높아질 것이라고 생각했다. '내가 셋한테 1시간씩 더 일해 달라고 부탁하면 괜찮다고 할까? 아마도 세 사람이 작당

해서 내게 따지고 들겠지…' 사장은 궁리 끝에 세 사람이 서로 뭉치지 못하게 하는 좋은 방안을 생각해낸다. 그는 가장 열심히 일한 한 사람에게 승진과 동시에 월급을 올려주겠다고 약속했다.

그러자 가계대출로 어려움을 겪어왔던 갑이 1시간 더 근무시간을 늘렸다. 갑에게만 승진의 기회가 간다고 위기의식을 느낀 나머지 두 사람은 이를 가만히 지켜만 보고 있을 수 없었다. 갑이 자신들에게 업무를 지시하는 상황이 올 수도 있기 때문이다. 그래서 을과 병도 1시간씩 더 회사에 남아서 일했다. 이제는 갑·을·병 모두 9시간씩 일하게 됐다. 갑은, 을과 병도 1시간씩 더 근무함으로써 자신의 수고가 헛수고로 돌아갔음을 알아차렸다. 하지만 그는 대출금 상환과 처자식을 위해서 조금이라도 더 벌어야 했다. 결국 갑은 1시간을 더 늘려 10시간씩 일하기 시작했다. 을과 병은 지금껏 동등한 직장동료로 일했던 갑이 자신들보다 회사에서 더 인정받게 되는 상황이 싫었다. 그래서 그들도 10시간씩 회사에 남았다. 그러자 갑은 고민에 빠졌다. '내가 과연 11시간을 일할 수 있을까?'

이 이야기는 세 노동자의 노동시간이 꾸준히 증가해 회사의 총생산을 지속적으로 늘리는 상황을 그리고 있다. 상대평가는 상호작용의 극대화를 통해 모두가 더 열심인 사회를 만든다. 이들이 추가적으로 행한 노동은 사회적으로 더 많은 '절대적 성과물'들을 창출해냈다.

그 결과 우리 사회는 마침내 여러 결실들이 넘쳐나는 풍요로

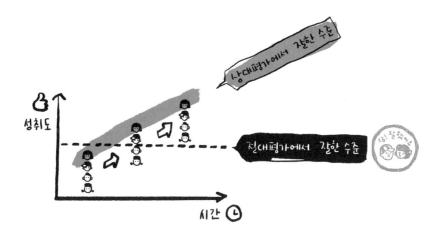

움을 맛보게 되었다. 하지만 모든 구성원이 절대적으로 잘하는
기준을 훌쩍 뛰어넘는 드높은 성취를 이루었어도 우리의 상대적
성취에는 아무런 변화가 없다. 모두가 똑같은 노력을 기울였기
때문이다.

사회적 부의 생산과 축적을 촉진한 상대평가 시스템은 바람
직하고 선善하기까지 한 것으로 이해되어왔다. 물질적 희소성이
지배하는 사회에서 사람들은 두 개를 갖는 것이 한 개를 갖는 것
보다, 세 개가 두 개보다 더 큰 행복감을 준다고 믿었다. 한마디로
다다익선多多益善이다. 하지만 풍요로운 사회로 진입하면서 다다
익선은 구시대적 개념으로 전락한다. 절대적 양이 행복의 수준을
결정하리라는 믿음은 절대다수가 배를 곯던 시절에나 통용될 수

있는 것이기 때문이다.[4] 이제는 시대가 변했다. 풍요의 시대로 접어들면서 물질적 희소성의 개념은 점차 희석되어왔다. 상품이 차고 넘치는 시대에서의 행복과 불행은 어느 정도 양을 가졌는지가 아니라, '남들이 얻기 힘든 무언가를 가졌는지'에 의해 좌우되고 있다. 그게 바로 지위이다. 이제 상품은 지위를 증명해주는 수단으로 사용된다. 남들이 갖지 못하는 특별한 상품을 갖는 게 높은 지위를 증명해주는 것이다. 그래서 사람들은 수백만 원, 혹은 수천만 원에 달하는 명품 가방을 선망하기도 하고, 노른자위 부동산을 취득하기 위해 안간힘을 쓰기도 한다.

물질적으로 궁핍한 사회에서는, 상대평가가 부족한 자원을 배분하는 효과적인 수단으로 사용되었다. '누가 무엇을 얼마나 더 가질지'를 결정하기 위해 상대평가가 도구로 사용된 것이다. 하지만 풍요로운 사회에서는 상대평가가 목적으로 변한다. 상품과 물건이 차고 넘치는 사회에서는 '충분히 가졌는지'는 더 이상 관심의 대상이 아니다. 중요한 건 '상대적 위치'를 증명할 수 있는 특별한 무언가를 가지고 있는가이다. 소득과 소비, 교육과 결혼 등에서의 성취는 상대적 위치를 증명할 수 있는 좋은 기회를 제공한다. 더 높은 지위는 더 많은 소득, 더 눈에 띄는 소비, 더 들어가기 힘든 학교로의 진학, 더 돋보이는 결혼 등을 통해 얻을 수 있다. 이제 풍요로운 사회에서 '가진 것'과 '이룬 것'은 상대적 위치를 명료하게 하는 수단으로 사용된다.

풍요로운 사회에서 경쟁은
'지위'를 향한 경쟁이다

풍요로운 사회에서도 남을 앞서기 위한 경쟁은 치열하게 전개된
다. 하지만 경쟁의 양상은 이전과는 매우 다른 판국이다. 물질적
자원이 차고 넘침에 따라 '희소한 자원scarce resources'을 얻고자
하는 강박관념은 서서히 사라진다. 그리고 그 희소성의 강박관념
은 타인들과의 관계로 전이된다. 이제 사람들은 타인에게 많은
영향력을 미치는 자리, 그리고 더 많은 존경과 사랑을 받을 수 있
는 자리를 갈망한다. 그런 자리는 바로 '높은 지위'이다. 하지만
높은 지위는 모두가 누릴 수 없다. 물질적 자원처럼 이 또한 희소
한 것이다. 우리가 알고 있던 희소성의 개념은 풍요의 시대로 진
입하며 이렇게 진화한다.

프레드 허쉬Fred Hirsch는 『성장의 사회적 한계Social Limits to
Growth』(1978)에서 희소성을 물리적 희소성physical scarcity과 사회적
희소성social scarcity으로 구분한다. 물리적 희소성이란 말 그대로
눈에 보이는 자원이 부족하다는 뜻이다. 반면에 사회적 희소성이
란 '타인이 가지지 못했기 때문에' 자신에게 만족감을 주는 재화
가 부족함을 의미한다. 허쉬는 물질적 부가 점점 많아지는, 그래
서 할아버지 세대보다 더 좋은 물건을 소비한다는 것이 '더 나아
짐'을 나타내는 '물리적 희소성'의 시대가 끝나가고 있다고 강조
했다. 그리고 그는, 동시대를 살고 있는 타인들보다 더 잘 소비하

고 있는지가 중요한 '사회적 희소성'에 관심을 기울여야 한다고 말했다.

허쉬의 분석은 간단명료하다. 경제가 지속적으로 성장해서 풍요의 시대에 진입하게 되면, 사람들은 물리적 희소성보다 사회적 희소성에 더 관심을 기울이게 된다. 물리적인 것들은 지속적으로 성장·팽창할 수 있다. 하지만 사회적인 지위는 고정된 것이어서, 경제가 발전한다고 더 좋은 지위가 창출되지는 못한다. 예를 들어, 가장 높은 지위는 딱 하나밖에 없다. 5000만 명의 인구에서 상위 1%의 지위를 가질 수 있는 사람들은 딱 50만 명뿐이다. 이런 1%의 지위를 어떻게 더 만들어낼 수가 있겠는가. 국민소득이 5만 달러를 넘어 10만 달러가 되어도 상위 1%, 50만 명의 지위는 고정적이다. 그래서 상대적으로 평가되는 사회적 지위는 항상 희소할 수밖에 없다.

물론 사회적 희소성에 대한 관심이 풍요의 시대에만 국한된 건 아니다. 삼국시대 때 백제가 왜왕에게 하사했다는 일본의 국보인 칠지도七支刀가 그 예다. 길이 75cm의 이 칼에는 가지가 좌우로 6개나 붙어 있고, 몸통의 양면에 홈이 파여 금실이 박혀 있다. 이런 상감기법은 고대에는 상상할 수 없었던 최첨단 기술이다. 물론 이 칼의 사용가치는 그리 크지 않았다. 실전에서 사용하려 만든 게 아니기 때문이다. 칠지도는 위엄과 권위를 나타내는 물건이었다. 그리고 일부 왕족들만 가질 수 있었기에 사회적 상징성이 있었다. 이 칼은 왕족과 왕족이 아닌 사람을 가르는 상징적 역할을 했다. 오늘날의 상류계층이 고급 다이아반지나 값비싼 외제차를 과시하듯 백제의 왕족은 칠지도 같은 상징적 보물을 과시하면서 우월한 지위를 드러냈다. 이처럼 물질적으로 궁핍한 시대에도 지위에 대한 열망은 있었다. 하지만 이러한 열망은 일부 지배층에 국한되었다. 귀족이 아닌 대다수의 사람들에게는 절대적 빈곤을 해결하는 게 급선무였기 때문이다.

이제 고급지위는 일부 계층만 추구하는 것이 아니다. 물질적 결핍감을 해갈한 중산층이 '물질적 관심'을 '지위에 대한 관심'으로 옮겨왔기 때문이다. 잠깐 우리 사회가 가진 것을 계산해보는 시간을 갖자. 2016년 현재 우리나라의 1인당 국민소득은 3000만 원이다. 이 말은 국민 한 사람당 1년에 3000만 원어치의 재화를 생산해냈다는 의미다. 우리나라 인구를 대략 5000만 명 정도로 잡으면 한 해에 1500조 원의 상품이 쏟아져 나온 셈이다. 또한 이 상품을 사기 위한 돈을 누군가가 썼다는 뜻이기도 하다. 경제가 '생산→분배→지출'의 동일한 액수로 맞물려 있으니 말이다. 1인당 평균 3000만 원어치의 상품 생산과 소비, 실로 엄청난 풍요라 말할 수 있다.

풍요로운 사회에서의 상대평가는 목적 잃은 참여자들을 양산한다. '원하는 걸 충족한 상태'에서는 다른 사람보다 더 높은 위치에 서는 데만 온 신경과 노력을 집중하기 때문이다. 이러한 현상은 경쟁의 종류와는 무관하게 나타난다. 직장에서든, 학교에서든, 시장에서든 다양한 종류의 경쟁들은 하나의 궁극적 목적을 향해 있다. 바로 '더 높은 지위'다. 경제성장이 지속적으로 이루어지고 산업이 고도화되는 미래, 그러니까 더 풍요로워진 미래에는 지위에 대한 관심이 더욱 증가할 것이다. 그래서 더 많은 사람들이 지위를 의식한 사회경제활동에 비중을 둘 것이고, 지위의 희소성은 더욱 증가할 것이다. 이것이 우리가 지위를 둘러싼 경쟁, 즉 지위경쟁에 관심을 기울여야 하는 이유이다.

양극화를 촉진하는
지위경쟁

자신의 존재감을 가장 잘 드러낼 수 있는 방법은 가능한 한 높은 지위에 올라 다른 이들의 눈에 띄는 것이다. 과실들이 차고 넘치는 세상. 사람들의 관심사는 이제 '충분히 가졌는지'가 아니라 '남들이 가지지 못한 걸 얼마나 더 가졌는지'로 돌아간다. 경쟁에서 획득한 전리품은 자신의 존재감을 드러내는 수단이다. 전리품이 더 높은 지위를 증명해줄 때, 그 전리품은 가치를 지닌다. 돋보이기 위해서는 더 특별한 걸 가져야 한다. '재력' '소비능력' '학력' 등이 차별성을 부각시키기 위한 수단으로 사용된다. 남들과의 격차는 클수록 좋다. 그래서 어느 정도 성취하면 충분하지 않느냐는 기준, 즉 '포화점saturation point'이 없다.

　이 정도면 충분하다고 하는 절대적 기준이 없으니, 사람들의 노력은 끝을 모른다. 연봉이 5000만 원인 사람은 1억 원을 받길 원하고, 연봉이 1억 원인 사람은 2억 연봉자가 되길 소망한다. 10억 원의 부동산을 가진 사람은 20억 원의 부동산을 원하고, 20억 원의 부동산을 가진 사람은 30억 원의 부동산을 원한다. 평생 펑펑 써도 다 쓰지 못할 돈을 모으고, 거추장스럽게 관리해야 할 부동산에 치인다 해도 더 많은 부동산을 소유하려 한다. 하지만 사람들이 원하는 것은 단순히 고액 연봉자가 되고, 부동산 갑부가 되는 게 아니다. 사람들의 궁극적인 목표는 더 높은 지위다. 너무도 크게 차별화되어 남들이 넘보지 못하고, 따라오지도 못하는 높은 지위 말이다.

그러니 더 높은 지위를 위한 사람들의 노력은 자원이 소수의 사람들에게 크게 쏠리는 현상을 만들어낸다. 승자독식, 싹쓸이 보상 등은 차등화의 극단적 형태라고 볼 수 있다. 앞서가는 사람들의 몫이 점점 많아지니, 뒤처지는 사람들의 몫은 점점 줄어들게 된다. 앞서가는 사람들이 전체 몫의 상당부분을 독점하는 현상은 지난 수십 년간 점점 더 심화되어왔다. 빈부격차, 소비격차, 학력격차 등의 사회적 키워드는 지위경쟁 속에서 등장한 것이다.

이제 우리 사회는 너무도 크게 벌어진 계층간 격차로 골머리를 앓고 있다. 우리 주변에는 하루 10시간 노동에 월 100만 원도 안 되는 급여를 받으며 불안감으로 압도된 일상을 사는 사람들이 많이 있다. 반면에 상상하지 못할 만큼의 엄청난 보수를 받는 소수의 사람도 존재한다. 하루에 100만 원, 아니 1000만 원을 버는 사람도 있으니 말이다.

실제로 이 사회는 가장 앞쪽에 위치를 점하고 있는 소수의 사람들에게 매우 후한 보상을 준다. 마치 소득분포가 평균소득을 중심으로 좌우 대칭이 아닌 오른쪽으로 크게 찌그러져 들어간 모양을 보이는 것과 같다.[5] 네덜란드 경제학자 펜Jan Pen이 그려낸 '난쟁이의 행렬Pen's parade'은 이런 찌그러진 분포와 무관하지 않다. 펜의 난쟁이 행렬에서는 소득이 가장 낮은 꼴찌부터 가장 높

은 1등까지 차례로 등장한다. 사람들의 키는 그들의 소득을 대변한다. 1시간 동안 지속되는 행렬의 초반부에는 땅 속에 머리를 파묻고 등장하는 사람들이 보인다. 이들은 빚으로 인해 실질소득이 마이너스인 사람들이다. 그 뒤로 키 작은 난쟁이들의 행렬이 쭉 이어진다. 30분이 지나서야 겨우 $1m$ 남짓한 사람이 등장하지만, 행렬의 끄트머리에 이르면 사람들의 키가 급격히 커지면서 수십 미터에 달하는 거인들이 나타난다. 마지막에는 아예 머리가 구름

속에 가려진 초대형 거인의 발이 출현하면서 행렬은 마무리된다.

총 60명이 펜의 난쟁이 행렬에 참여한다고 가정해보자. 순위 상으로는 1등부터 60등까지 존재한다. 우리의 소득구조는 가장 소득이 낮은 60등부터 10등까지는 소득이 아주 조금씩 증가하고, 10등부터 1등까지는 급격하게 증가하는 구조다. 그래서 '1등과 2등의 격차'와 '59등과 60등의 격차'는 등수 차이로는 같지만, 사실은 현격한 차이가 난다.

이런 펜의 난쟁이 행렬이 보여주는 격차는 소득뿐만 아니라 자산·소비·교육·취업 등의 많은 부분에서 쉽게 발견할 수 있다. 소득부터 살펴보자. 최근 한 국회의원이 공개한 자료에 의하면 우리나라 월급쟁이들의 평균 연봉은 3172만 원이었다고 한다.[6] 한 달에 264만 원을 받는 꼴이다. 그런데 이 내용이 인터넷상에서 기사화되자 수많은 월급쟁이들은 좌절감을 느꼈다. 많은 이들의 실제 소득은 그것보다 훨씬 낮았기 때문이다. "아직 평균도 안 되는구나 난…" "학창시절 나름 반평균 올리는 사람이었는데, 이젠 깎아먹네" "나이 마흔다섯인데 185만 원. 애들에게 미안하다" 등의 댓글이 이들의 심정을 말해준다. 하지만 댓글을 달았던 사람들이 몰랐던 사실이 있다. 한 달 264만 원은 몇몇 거인들이 끌어올린 수치라는 점이다.

한 방송국에서 국회의원이 공개한 자료를 이용해 1시간 동안 진행되는 난쟁이 행렬을 만들어보았다. 1분에 한 명씩 등장하는 셈이다. 결과는 예상했던 대로다. 평균 월소득 264만 원을 $170cm$

의 키로 가정했을 때, 이 평균 키를 지닌 사람은 40분 즈음이 되어서야 나타났다. 그리고 마지막 5분 동안 키 50m, 100m의 거인이 등장했다. 이들은 연봉 10억 원 혹은 20억 원이 넘는 거인들로서 소득부문에서 가장 높은 지위에 오른 사람들이다.

소비도 난쟁이 행렬의 전형을 보여주고 있다. KB금융지주 경영연구소에서는 매년 「한국의 부자 보고서」[7]를 발간하고 있다. 이 보고서가 대상으로 삼는 한국의 부자들은 금융자산[8]이 10억 원 이상인 약 16만7000명의 개인들이다. 이런 부자들의 소비는 일반가구에 비해 얼마나 클까? 부자들은 일반가구에 비해 훨씬 더 큰돈을 번다지만 소비도 그렇게 큰 차이가 날까? 사람 사는 게 다 거기서 거긴데 제아무리 부자라 하더라도 뭘 얼마나 더 쓰겠는가라고 생각할 수도 있다. 입고, 자고, 먹고, 싸고, 놀고… 사는 데 들어가는 돈이 뭐 그리 차이가 크겠는가?

하지만 이렇게 생각하면 오산이다. 「한국의 부자 보고서」에 의하면 부자가구의 월평균 소비지출은 1022만 원으로 나타났다. 이들은 매달 버는 돈의 40%를 쓴다. 이에 반해 일반가구의 소비지출은 251만 원이고, 이는 매달 버는 돈의 60% 수준이다. 부자들은 일반가구에 비해 매달 750만 원을 더 쓴다. 부자들은 '의류/잡화'와 '여가/취미' 부문에 총소비의 약 35%를 지출한다. 이 둘은 벌이가 잘 안 되면 제일 먼저 씀씀이를 줄이는 항목이지만, 부자들은 여기에 매달 350만 원을 넘게 쓰는 것이다. 반면에 일반가구는 이 두 부문에 약 13%, 월 32만 원가량을 지출한다. 350만 원 대 32만 원. 부자들은 '의류/잡화·여가/취미' 부문에만 일반 가구의 총지출보다 훨씬 많은 금액을 사용하고 있는 것이다.

부자들에게 소비는 자신의 지위를 남들에게 증명할 수 있는 강력한 수단이다. 이들은 평범한 사람들이 꿈도 꾸기 어려운 명품 가방과 최고급 자동차를 소유한다. 그리고 아무나 출입하지 못하는 레스토랑과 클럽을 골라 드나든다. 소비부문의 지위경쟁은 이러한 '차별적 소비'로 나타난다. 부자들은 타인이 가지지 못한 것을 소비하고 소유함으로써, 더 많은 존경과 부러움을 받으려 노력한다. 이러한 노력으로 인해 소비부문의 양극화가 더욱 촉진된다.

교육부문의 고급지위도 소수에게 독점되는 현상이 발생하고 있다. 전국 고등학교 수는 약 2300여 개다. 이들 중 상위 1%(23개교) 학교 출신자들이 서울대 입학생의 30%를 넘게 차지한다. 이 상위 1% 학교 중에는 평준화 일반고가 없다. 최상위를 독차지하고 있는 학교는 특목고·국제고·자사고 등의 특별한(?) 학교들이다. 상위 20%(460개교)로 확대해보면, 이들 학교에서 보내는 서울대 신입생이 전체의 88%를 차지한다. 상위 20%가 80%의 몫을 차지한다는 '파레토 법칙pareto's law'도 깨는 높은 수치다.

49쪽의 그림을 보자. 이 표는 서울대 합격자를 기준으로 전국 고등학교를 꼴찌부터 일등까지 왼쪽에서 오른쪽 순서대로 등장시킨 표이다. 앞에서 언급한 펜의 난쟁이 행렬과 흡사하지 않은가. 이 그림을 서울대만이 아니라 우리나라의 대학 서열상 가장

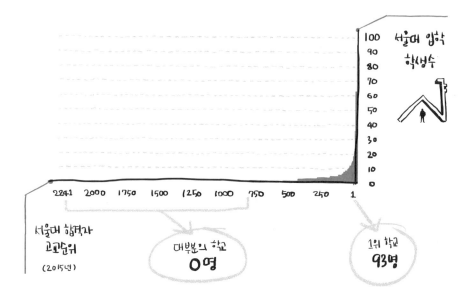

서울대 입학
학생수

서울대 합격자
고교순위
(2015년)

대부분의 학교
0명

1위 학교
93명

윗부분에 있는 서울대·고려대·연세대(SKY대학)를 기준으로 그려 봐도 큰 차이가 없을 것이다.

　이처럼 고급지위를 소수가 독점하는 현상은 소득·소비·교육 등 우리 사회의 전 분야에서 관찰된다. 모두가 탐내는 희소한 지위는 남들이 성취하기 어려운 전리품과 연관되어야 한다. 남들이 성취하기 어려운 전리품은 고액 연봉·슈퍼카·큰 집·명품옷·일류대학·호화 결혼식 등을 포함한다. 이러한 것들이 과시될 때 지위는 더욱 빛나기 마련이다. 전리품은 남들이 따라오지 못하는 질과 양으로 압도해야 앞으로도 따라잡히지 않을 수 있다. 그래서 지위경쟁에서는 어디까지가 충분히 벌거나 소비하는 건지, 그리고 힘껏 공부한 건지 그 상한선이 없다.

낭비적 노력으로 사회적 비용을
증가시키는 지위경쟁

풍요로운 사회에서의 경쟁, 즉 단지 더 높은 지위를 점하기 위한
노력은 더 이상 사회적 후생social welfare을 높이지 못하는 지점에
이르게 된다. 경쟁의 초반에는 '사회적 손실<사회적 이익'인 경
우가 많다. 뒤처지지 않으려는 노동자들은 더 열심히 일해서 사
회를 풍요롭게 했고, 지지 않으려는 학생들은 더 열심히 공부해
지적 결실이 풍성한 사회를 만들었다. 하지만 시간이 지날수록
더 많은 노동과 공부가 노동자와 학생들을 괴로운 상황에 몰아넣
는다. 대부분의 경쟁참여자들은 자신의 노력에도 불구하고 원하
는 걸 얻지 못한다. 사회가 풍요로워지면서 이들은 점차 단순히
물질적 부가 아니라 남들이 인정해주는 더 높은 지위를 원하지
만, 이러한 지위는 추가적으로 창출되지 않기 때문이다.
　결과는 어떠할까? 개인들은 괴로운 상황에 빠질 정도로 노력
을 기울이지만, 이로 인해 전체 사회가 공유하는 이익은 많지 않
다. 모든 개인이 노력하지만, 사회적 지위는 그대로이기에 그 노
력은 낭비적wasteful이다. 더욱이 이러한 낭비적 노력이 심해질 경
우 사회적 후생도 점차 감소하게 된다.

지위를 높이기 위한 노력이 격화될수록 개인들은 더 많은 시간을 지위경쟁에 쏟아붓는다. 하지만 더 높은 지위로 올라가기 위한 노력은 참으로 힘겨운 노정이다. 다른 사람들도 똑같은 노력을 기울이기 때문이기도 하고, 노력으로 높은 지위가 새롭게 창출되는 것도 아니기 때문이다. 상황이 이러하니 헛수고의 쳇바퀴를 돌리는 개인들은 스트레스와 좌절감에 젖게 된다. 지위경쟁이 개인의 후생을 감소시키는 논리는 이처럼 간단하다.

하지만 후생의 감소는 개인적 차원에서 끝나지 않는다. 대대수의 개인들이 헛수고의 쳇바퀴를 돌리게 되면 이는 사회적 문제로 이어진다. 승진에서 탈락하지 않기 위해 건강을 해치며 일하는 직장인들이 많은 사회, 감당하지 못할 명품을 몸에 두르는 이들이 넘치는 사회, 하루 10시간 이상 책상에 앉아 문제집을 푸는 학생이 기본인 사회, 남들만큼 살기 위해서 결혼비용을 평균 2억 이상 들이는 사회는 지위경쟁에 따른 낭비적 노력의 생생한 예다. 사람들은 아무리 열심히 일해도, 아무리 열심히 명품을 둘러도, 아무리 열심히 공부해도, 아무리 열심히 결혼비용을 마련해도 궁극적 목적인 지위의 향상은 쉽게 이루어지지 않는다고 느낀다. 그래서 사람들은 더 열심히 일하고, 두르고, 공부하고, 마련하지만 결과는 매한가지다. 지위경쟁사회에서 모두가 기울이는 낭비적 노력의 총합은 실로 그 규모를 가늠할 수 없을 정도로 크다.

모두가 노력을 하지만, 그 노력이 낭비적인 경우는 일상생활 곳곳에서 쉽게 발견할 수 있다. 축구 경기를 관람하는 관중들의 예[9]를 들어보자. 사람들로 북적거리는 관중석에서, 경기를 더 잘 보려고 한 사람이 일어났다. 그 뒤에 있었던 관객은 앞사람에게 시야가 막혀버렸다. 그래서 그 관객도 일어서서 경기를 관람한다. 그럼 그 뒷사람들은 어쩌겠는가. 앞에서 사람들이 서 있으니 경기를 제대로 관람할 수 없다. 또한 그들에게 가서 모두 앉아서 보자고 일일이 설득할 수도 없다. 그러니 뒷사람들도 줄줄이 자리에서 일어난다. 이제 경기장에는 모든 사람들이 서서 축구 경기를 관람하고 있다. 경기장의 관객들 모두는 경기를 더 잘 보기 위해 일어서는 수고를 감수했지만, 모두가 앉아 있을 때의 시야와 차이가 없다. 물론 자리에서 일어난 누구에게도 다른 사람들에 피해를 줄 의도가 없었다. 하지만 뒤에 있는 사람들은 피해를 입었고 어느 누구도 이 피해에 대해 보상하지 않았다. 외부효과의 연쇄적 파급만 있었을 뿐이다. 경기를 더 잘 보려는 노력으로 달라진 건 오직 하나, 이젠 모든 사람들이 힘들게 서서 경기를 보고 있다는 사실뿐이다.

고전경제학파classical political economy의 창시자 애덤 스미스Adam Smith에 의하면, 개인의 사익 추구는 전체에 이득을 주는 방향으로 나아가야 한다. 인간이 자신의 이기심을 잘 활용하면 할수록 국가 전체의 부는 늘어나고, 궁극적으로 우리에게 장밋빛 미래가 펼쳐지는 것이다. 이 시점에서 애덤 스미스의 유명한 문구를 한 번 살펴보자. 스미스는 『국부론An Inquiry Into the Nature and Causes of the Wealth of Nations』(1776)에서 다음과 같이 이야기한다.

우리가 식사를 할 수 있는 것은 정육점 주인, 양조장 주인, 빵집 주인의 자비심 때문이 아니라 그들의 자신의 이익에 대한 관심 때문이다. 우리는 그들의 인간성에 호소하지 않고 그들의 이기심에 호소하며, 우리는 그들에게 우리 자신의 필요를 이야기하지 않고 그들의 이익을 이야기한다.[10]

그러나 코넬대학교의 경제학자인 로버트 프랭크Robert Frank는 이기심에 바탕을 둔 개인의 노력이 구성원 전체에 이익을 주지 못하고 손해만 입히거나, 모두를 위험에 처하게 할 수 있다고 강조한다. 축구장 관람객의 예처럼, 모두가 자신의 이익을 위해서 자리에서 일어났지만 각자 에너지만 소모했을 뿐 아무것도 변한 게 없듯이 말이다. 프랭크는 더 높은 순위를 차지하기 위한 개인들의 노력은 불필요한 에너지 낭비라고 경고했다.[11] 상대평가에서는 한 사람이 빛나기 시작하면 다른 한 사람의 빛은 사그라져야 한다. 그래서 이러한 경쟁은 사회적 부social wealth를 창출하지 못하고 '부를 재배치'하는 기능만을 한다고 말하기도 한다.[12] 단순히 남을 이기는 것 자체는 사회적 부를 증가시키지 않으니, 사회적 관점에서 보자면 경쟁에 들인 개인들의 공은 헛것이 되는 셈이다.

우리 사회는 분명, 흘린 땀방울과 결실은 비례하는 것이라 강조해왔다. 하지만 지위경쟁사회에서는 한 바가지의 땀을 흘려도 더 나은 결실을 얻지 못하는 사람들이 넘쳐난다. 숫자가 한정된 고급지위를 위해 개개인들은 점점 더 많은 노력을 쏟게 되지만 대부분은 필연적으로 원하는 것을 얻지 못한다. 결국 낭비적 경쟁에 그치는 것이다. 이러한 지위경쟁이 격화될수록 우리 사회는 위험한 상황에 빠질 수 있다. 낭비적 경쟁과 그로 인한 공멸의 위험성은 로버트 프랭크가 『경쟁의 종말The Darwin Economy』에서 그린 몇몇 동물들의 사례에서 확인할 수 있다. 그는 동물의 생존경쟁에 대한 다윈의 해석이, 현대의 많은 경제문제들을 해석하는 데 유용하게 사용될 수 있음을 강조한다. 프랭크는 "개별 동물들이 자신의 이익을 위해 경쟁하는 것이 전체집단을 이롭게도 하지만, 그 반대의 경우도 존재한다"고 한 다윈의 말을 인용한다. 프랭크는 암컷을 차지하기 위한 공작과 코끼리물범, 그리고 말코손바닥사슴의 예를 통해 남을 앞서기 위한 개인의 노력이 왜 전체집단을 위험에 몰아넣을 수 있는지 설명한다.

잘 알려진 바와 같이, 수컷 공작의 거대하고 화려한 날개는 암컷을 유혹하기 위한 수단이다. 경쟁자보다 더 화려한 날개를 지닌 수컷은 암컷들을 유혹해 원하는 만큼의 교미를 할 수 있었고, 그래서 그 유전자가 후대에 전달될 수 있었다. 그에 따라 시간이 흐르면서 모든 수컷 공작들이 크고 화려한 날개를 가지게 되었다. 이렇게 되면 크고 화려한 날개는 더 이상 짝짓기 경쟁에서 특별한 장점이 못 되고, 많은 수컷들은 멋들어진 날개를 가졌음에도 암컷과의 교미 기회를 가지지 못한다. 이런 경쟁은 수컷 공작들을 위기에 몰아넣는다. 이들의 날개는 생존에는 별 쓸모가 없고 포식자들 눈에만 잘 띄었기 때문이다.

코끼리물범과 말코손바닥사슴의 경우도 마찬가지이다. 수컷 코끼리물범의 엄청난 덩치는 수컷 간 경쟁에서 이기기 위해 진화한 결과이다. 수컷 코끼리물범의 무게는 무려 3~4톤 정도로, 암컷보다 10배 정도 무겁다. 코끼리물범 세계에서는 경쟁에서 이긴 한 마리의 수컷이 무리의 모든 암컷들을 차지한다. 반대로 경쟁에서 진 대부분의 수컷은 어떤 암컷과도 짝을 짓지 못한다. 상황이 그러하기에 수컷들은 싸움에 모든 것을 걸 수밖에 없고, 그래서 몸집을 최대한 키우는 방향으로 진화했다. 불행하게도 코끼리물범 수컷들은 그 때문에 아주 쉽게 바닷속 상어의 먹이가 되곤 한다. 덩치가 거대해 속도도 느리고 눈에도 잘 띄기 때문이다. 결국 수컷들의 경쟁은 전체의 이익에 반하는 결과를 만들어버렸다.

말코손바닥사슴도 코끼리물범의 딜레마와 비슷한 상황에 처해 있다. 수컷 말코손바닥사슴의 뿔은 아름답기로 유명하다. 이 뿔은 암컷을 차지하기 위한 싸움에 사용되는 무기이다. 싸움에서 이긴 말코손바닥사슴은 자신의 큰 뿔 유전자를 후세에도 계속 전달할 수 있다. 물론 다른 수컷과의 싸움에서 패해 어떠한 암컷과도 짝짓기를 할 수 없는 사슴도 있다. 이렇게 패자가 된 사슴조차도 매우 아름답고 큰 뿔을 가지고 있다. 애석하게도 그 뿔이 경쟁상대에 비해 작을 뿐이다. 이런 패자는 암컷을 차지하지 못한 것도 모자라 자신의 큰 뿔로 인해 맹수의 쉬운 사냥감이 되는 위험에 처한다.

이상의 예는 모두가 자기 자신의 이익을 위해 경쟁했지만, 소수를 제외하고는 대다수가 힘만 빼는 것으로 마무리된 허무한 상황을 그리고 있다. 경쟁에서 승리하기 위한 수컷 공작의 진화는 수컷 공작 모두를 아름답게 만들었다. 수컷 코끼리물범의 진화도 그들 모두를 거대하게 만들었다. 수컷 말코손바닥사슴 모두는 아름다운 뿔을 갖게 되었다. 하지만 이런 시도는 결국 헛수고였다. 아름답고 강해지긴 했으나 번식이라는 목표를 달성하는 데는 대부분 실패했기 때문이다. 경쟁에서 승리한 소수도 포식자의 눈에 잘 띄는 위험한 상황에 처하게 되었다. 이것이 바로 낭비적 경쟁이 갖는 위험성이다.

사회적으로 희소한 지위를 둘러싼 경쟁은 소모적 쳇바퀴를 돌린다. 이런 낭비적 경쟁을 이 책에서는 '지위경쟁'이라고 부르며, 전 국민적 차원에서 벌어지고 있는 지위경쟁의 현상을 발굴·분석해볼 것이다. 주로 '노동' '소비' '교육' '결혼'의 네 영역을 중심으로 그 현상들을 살펴보려 한다.

직장에서 앞서나가고자 하는 경쟁, 더 고급 제품을 소비하려는 경쟁, 더 이름값이 높은 학교에 진학하고자 하는 경쟁, 더 나은 배우자를 확보하기 위한 경쟁 등은 이 시대를 살고 있는 사람들이 인생의 한 시점에서는 대부분 겪게 되는 상황이다. 이러한 경쟁들은 초반에는 '사회적 손실 < 사회적 이익'인 경우가 많다. 경쟁이 유발하는 더 많은 노동이 사회를 풍요롭게 하고, 더 열심히 공부하는 학생들이 사회의 미래를 밝게 만들기 때문이다. 하지만

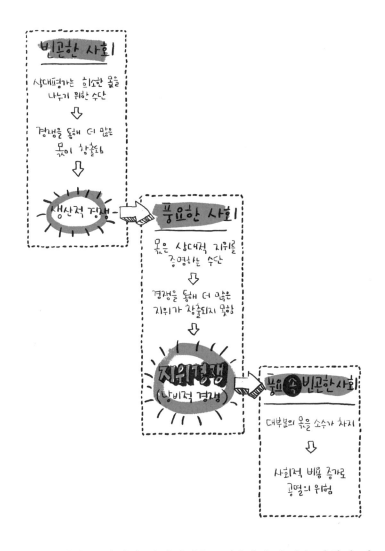

시간이 지나고 경쟁이 치열해질수록 '사회적 손실 > 사회적 이익'인 상황으로 바뀌기 시작한다. 더 많은 노동과 공부가 노동자와 학생들을 괴로운 상황에 몰아넣지만, 이로 인해 사회 전체가

향유하게 되는 이익은 그다지 증가하지 않기 때문이다.

지위경쟁은 개인에게 고통스러울 뿐만 아니라 집단을 공멸의 위기로 몰아넣을 수도 있다. 하지만 우리 사회에선 이에 대한 경각심이 그리 높지 않은 듯하다. 우리 사회에 만연한 지위경쟁의 양상에 조금 더 관심을 기울여본다면, '왜 풍요한 사회가 헬조선이라 불리는지' 그 이유가 보이기 시작할 것이다.

02

끝없는 노동을 부추기는
지위경쟁

임금은 지위다!

상대적 순위로 결정되는 임금

임금은 '남들보다 얼마나 잘했는지'에 따라 달라진다

노동에서의 지위경쟁은 두 가지 차원에서 진행된다. 먼저 직장 안에서의 지위경쟁이 있다. 사람들은 직장에서 남보다 앞서나가기 위해 더 많은 노동에 시달리게 된다. 그리고 더 나은 일자리를 얻기 위한 경쟁이 있다. 최근 공무원이나 대기업 직원의 위상은 다른 사람들이 우러러보는 지위로 격상되었다. 수많은 사람들이 그 자리를 얻기 위해 숱한 노력을 기울이고 있다. 여기서는 먼저, 일터에서 더 높은 지위를 차지하려는 사람들의 노력이 결국 서로를 해치게 되는 과정을 살펴보자.

상대평가가 지배적인 사회에서는 상대적 위치에 따라 능력이 평가된다. 100명이 참여하는 경쟁이라면, 가장 높은 지위는 1등이고 가장 낮은 지위는 100등이다. 그런데 상대적 지위가 높다고 해서 항상 능력이 뛰어난 건 아니다. 100명 모두가 엉성한 실력의 소유자일 수도 있기 때문이다. 반대로 상대적 지위가 낮다고 해서 무능력하다고 볼 수는 없다. 경쟁에 참여하는 100명 모두 뛰어난 능력의 소유자일 수도 있기 때문이다. 하지만 상대평가 시스템은 경쟁에서 순위가 높은 사람들에게만 큰 보상을 하고, 순위가 낮은 사람들에게는 큰 관심을 기울이지 않는다.

임금결정에 관련된 토너먼트 이론tournament theory[1]이 이에 대한 대표적 예다. 토너먼트 이론에 따르면, 노동자들의 임금은 순전히 '노동자들의 순위격차'에 의해 좌우된다. 상대평가에서 높은 위치를 차지하면 높은 임금을, 그렇지 않으면 낮은 임금을 받는 것이다. 이는 고전경제학 모형에서 설명하는 임금결정 방식과는 판이하다. 고전경제학 모형에서 노동자 임금은 그들이 생산해내는 생산액에 좌우된다. 예를 들어, 갑이라는 사람이 4000만 원을 받는다고 치자. 그러면 회사는 갑을 고용함으로써 4000만 원을 벌어들인다는 의미다. 같은 회사에서 을이라는 사람이 8000만 원을 받는다면, 이 임금은 을이 고용됨으로 인해 회사가 벌어들이는 수입과 같은 액수이다. 이처럼 고전경제학에서는 노동자가 생산에 기여한 만큼을 임금으로 받고 있다고 이야기한다.[2] 자신이 사회에(혹은 회사에) 기여한 만큼 임금을 받는 공평무사公平無私한 상황을 그리고 있는 것이다.

하지만 토너먼트 이론에서 임금이 결정되는 논리는 이와는 매우 다르다. 우리나라 웬만한 대기업 CEO의 연봉을 생각해보자. 삼성전자 사장은 120억 원을 받고, 현대하이스코 사장은 90억 원을 받는다. 10억 이상 받는 대기업 CEO는 부지기수다. 처음부터 회사 오너owner와 직간접적 관계에 있던 사람이든 그렇지 않고 밑바닥부터 올라온 사람이든 높은 자리에 있는 사람은 막대한 임금을 받는다.

다음과 같은 질문을 해보자. 고전경제학에서 얘기하듯이 CEO와 일반 노동자의 임금 격차가 '생산에 기여한 만큼의 차이'로 해석될 수 있을까? 100억 받는 CEO 자리를 그 밑에서 '1억 받으며 일했던 부장'이 맡게 된다면, 회사의 수익은 99억 정도가 줄어들까? 토너먼트 이론은 고전경제학의 임금 해석이 틀렸다고 얘기한다. 이 이론에서는 '노동자들의 상대적 순위'가 임금을 결정한다고 강조한다.

다음과 같은 예를 살펴보자. 대학축제에서 특A급으로 분류되는 가수들의 출연료는 7000만 원에서 8000만 원 수준이다. 인기최정상의 가수가 그 정도의 돈을 받는다. A급 가수는 4000~5000만 원 수준이고, B급은 2000~4000만 원으로 내려간다. 사실 1000만 원대의 출연료를 받는 가수도 그리 많지 않다. 사람들에게 잘 알려졌지만 300만 원도 못 받는 가수도 수두룩하다. 하지만 이들도 가수로 성공한 사람들 중 하나다. 우리나라 가수협회에 등록된 가수가 약 2000명 정도라고 하는데 이들 중 대학축제에 불려갈 수 있는 가수는 얼마 되지 않는다. 당신은 8000만 원받는 가수가 500만 원 받는 가수보다 7500만 원어치 더 노래를 잘 부른다고 생각하는가?

피겨 스케이팅의 여왕 김연아 선수가 2013년에 벌어들인 수입은 150억 원이다. 그렇다면 우리나라 피겨 스케이팅의 2인자는? 대부분의 사람은 누가 2인자인지 관심도 없다. 김연아의 100분의 1 수준인 1억5000만 원이나 벌면 다행일 것이다. 그럼 김연아와의 실력 차이는? 아마 김연아 선수의 컨디션이 좋지 않은 날에는 2인자가 김연아를 이길지도 모른다. 하지만 우리 사회는 김연아에게만 엄청난 자원과 관심을 쏟아붓는다.

미국 프로야구에서 메이저리거major leaguer 와 마이너리거minor leaguer 간 연봉 차이도 현격하다. 같은 리그 안에서도 연봉은 천차만별이지만 2015년 메이저리거의 평균연봉은 약 46억 원이었다. 또한 아무리 연봉이 낮은 선수라도 5억 원가량은 받게 돼 있다. 루키리그, 싱글A, 더블A, 트리플A로 단계가 나뉘어 있는 마이너리그 또한 선수마다 다르긴 하지만 평균연봉은 2000만 원을 넘기기 힘들다. 식사나 숙소, 이동수단 등 전반적인 대우 차이도 크다. 그럼 평균적인 메이저리거와 마이너리거의 실력차를 화폐가치로 환산하면 230배 차이가 날까? 1~2타 차이로 1,2위가 갈리는 골프도 마찬가지다. 4대 메이저 대회[3]의 우승자는 대략 20억원을 가져가고 준우승자는 그 절반 정도를 가져간다. 나머지가 받는 상금은 1,2위와 비교할 수 없을 정도로 작다.

혹자는 이런 상금 차이가 관객을 끌어 모으는 '동원력'의 차이라고 설명한다. 1등에게 큰 보상을 해줘야 슈퍼스타가 경기에 참여할 것이다. 그래야 훨씬 관객이 많이 올 테니까 그만큼의 보상 차이는 정당하다는 것이다. 이것도 틀린 말은 아니다. 하지만 다음의 경우를 생각해보자. 만일 골프대회에서 우승자가 그날 몸이 좋지 않아 경기에 참석하지 않았다면? 아마 2등 선수가 우승 트로피를 차지했을 것이다. 그리고 그가 우승 상금을 받았을 것이다. 마이너리그 선수의 경우 또한 어떤 메이저리거의 부상을 기회로 메이저리그에 올라간다면 이전보다 수십 배 많은 연봉을 받게 될 것이다.

이렇듯 토너먼트 이론은 회사 내에서의 승진, 운동선수의 연봉, 운동경기에서의 상금 등 많은 부분에서 순위가 중요하다고 강조한다. 이 이론은, 승진·임금·상금 등의 보상이 자기가 가진 절대적 능력에 따라 결정되기보다는 남보다 얼마나 잘했는지에 따라 달라진다고 말한다.

토너먼트에서의
최종 승자는 누구일까?

누구나 한번쯤은 단어의 짝을 맞추는 게임을 해본 적이 있을 것이다. 단어를 처음 배우기 시작한 어린이들에게, 비슷한 뜻의 단어나 반대되는 뜻의 단어를 짝짓게 하는 방법은 학습효과가 매우 큰 것으로 알려져 있다. 이 중에서 반의어 공부, 즉 반대말을 통한 단어의 학습은 반대되는 성질에 대한 상상력을 키울 뿐만 아니라 대별大別되는 단어들의 성질을 보다 명확히 이해시키는 효과가 있다. 하나의 띠스펙트럼에서 극단에 위치한 두 가지 개념을 알게 되면서 각 단어의 개념을 보다 구체적으로 인식할 수 있는 것이다.

'남극'이라는 단어는 '북극'이라는 반의어를 자연스럽게 연상시키고, '좋다'라는 단어는 '싫다'라는 단어와 짝을 이룬다. '사랑한다'는 '미워한다'와 대별되고, '높다'는 '낮다'를 통해 더 정확히 이해될 수 있다. 존 러스킨John Ruskin은 『나중에 온 이 사람에게도Unto this Last』(1862)에서 '부'라는 개념도 '가난'이라는 반대의 의미 속에서 이해될 수 있는 것이라 강조한다. 러스킨의 표현을 빌리면, 내 주머니 속 1기니guinea의 가치는 옆 사람 주머니가 비어 있을 때 비로소 더 큰 가치를 지니게 된다. 돈의 가치는 없는 자의 질투가 크면 클수록 더욱 빛나게 되어 있다.[4]

이처럼 상대적 격차는 사람들의 마음을 움직인다. 회사의 경영자들은 이 점을 이용해 노동자들 간의 지위경쟁을 유발한다. 방법은 간단하다. 상대적으로 더 높은 생산성을 보이는 노동자에게 더 많은 임금을 지불하면 된다. 대부분의 경우, 성과가 높은 사람에게 가는 보상은 성과가 낮은 사람들의 몫으로부터 옮겨간 것이다. 예를 들어, 매년 물가상승률만큼은 임금을 올려주어야 하는데, 하위 20% 노동자들의 임금을 동결하고 이들이 올려 받지 못한 임금을 상위 10%의 노동자에게 지급하는 식이다. 회사가 노동자들에게 지출하는 총액에는 그리 큰 변화가 없다. 하지만 노동자들의 업무태도는 크게 달라지기 마련이다. 상위 10%에게 생긴 '보너스'는 경쟁에서 이긴 전리품이다. 이 전리품은 나머지 90%에게는 더 열심히 일해야 한다는 동기를 부여하게 된다. 하위 20%가 올려 받지 못한 임금은 무능의 상징이다. 이제 모든 노동자들은 남보다 열심히 일하지 않을 경우 어떤 결과가 있을지 확실하게 알게 된다.

'승진'이라는 보상도 마찬가지이다. 회사에서 승진은 조금 더 나은 노동자와 그렇지 못한 노동자를 대별하는 방법으로 자주 사용된다. 승진 또한 차별적이고 상대적인 보상으로서, 생산에 기여한 절대적인 성과보다 다른 사람과의 상대적인 성과 차이가 더 중요하게 작용한다.

경영자들은 회사 내에서 상대적으로 우수한 소수의 직원들에게 엄청난 임금을 제공함으로써 다른 사람들의 근로의욕을 자극하고자 한다. 경영자들은 직감적으로 알고 있다. 개인 간의 상대적 차이를 명확히 하는 게 회사의 수익을 높이는 데 큰 도움을 준다는 것을. 차이를 극명하게 드러내는 가장 좋은 방법은 성과에 따라 직원들을 줄 세우는 것이다. 1장에서 언급되었던 갑·을·병세 노동자의 이야기가 대표적이다.

서로 엇비슷한 능력을 가졌으며 모두 8시간씩 일하고 있었지만, 회사 사장이 '가장 열심히 일한 한 사람에게 승진과 동시에 월급을 올려주겠다'고 선포하자, 결국에는 모두 10시간씩 일하게 됐다. 이 경쟁에서의 승자는 누구일까? 경쟁의 결과 갑도 지쳤고, 을도 지쳤고, 병도 지쳤다. 물론 가장 길게 일한 사람은 다른 두 사람에 비해 더 높은 지위(혹은 수당)를 얻을 수는 있지만, 그 대가로 체력 소모는 물론 귀중한 시간을 포기해야만 했다. 경쟁에 진 사람들은 그저 체력만을 소비했을 뿐 아무것도 얻은 게 없다. 그럼 진정한 승자는 누구인가? 바로 이 회사의 사장이다.

상대평가와 등급에 따른 보상의 극단적인 차등화는 구성원들을 서로 경쟁하고 반목하게 만든다. 사람들은 남을 누르고 더 높

은 지위를 차지하고자 한다. 이는 일종의 분할통치divide and rule 방식으로, 연대의 힘을 약화시킨다. 원래 갑·을·병 모두는 서로 동등한 지위에 있었다. 그래서 서로 소통하고 연대할 수 있는 힘이 있었다. 회사 사장은 갑·을·병 개인의 힘은 미약하지만, 서로 힘을 모으면 강력한 세력이 된다는 걸 직감적으로 알았다. 그래서 그는 성과에 따라 줄을 세운 후 가장 앞에 서는 사람에게 두둑한 보수를 준다고 선언한 것이다.

이런 경영 방식은 줄의 뒷부분에 있는 사람들을 불안하게 만들었다. 회사 사장은 보수를 한쪽에 몰아줌으로써 협력과 공생을 모색할 수 있는 가능성을 차단하고 경쟁을 심화시켰다. 갑·을·병에게 바뀐 것이 있다면 지속적으로 늘어나는 노동시간이다. 지치고 힘들어도 이들은 쉴 수 없다. 이들이 노동시간을 늘리지 않는다면 다른 이들보다 낮은 보수를 받을 것이고, 이는 곧 지위의 추락을 의미하기 때문이다. 이렇게 누군가의 설계에 의해 지위경쟁의 쳇바퀴는 쉽게 돌아가는 것이다.

나만 뒤처질 것 같은
불안감

이렇듯 개인 간의 격차는 근로의욕을 자극한다. 그럼 국가적 수준에서도 이러한 결과가 나타날까? 흥미롭게도 소득 불균형이 심한 나라 사람들이 더 열심히 일한다는 연구가 존재한다.[5] 이 연구는 독일과 미국의 노동시간을 비교하면서 1970년에 비슷했던 두 나라의 노동시간이, 1997년에는 엄청나게 벌어진 것에 주목했다. 1970년 이후 약 30년 동안 국가 내 소득불평등은 미국이 독일에 비해 매우 빠른 속도로 높아져왔다. 그럼 노동시간은? 동일 기간 독일에서는 연간 409시간이 감소된 반면, 미국의 노동시간은 오히려 약간 늘었다. 실로 엄청난 차이다. 이런 결과는 소득분배의 불평등이 긴 노동시간을 촉발하고 있음을 보여준다. '남들보다 못 받고 있다'는 아픔이나 '남들에 뒤처질 수 있다'는 불안감이 '더 열심히 일해야겠다'는 생각을 심어주기 때문이다.

그런데 혹시 생활이 풍족할 만큼 소득이 충분하다면, 경쟁은 줄어들지 않을까? 자신이 벌 만큼 번다면 남보다 더 많이 벌려고 무리하게 일하지 않는 게 합리적이다. 그래서 어떤 이들은 얘기한다. 대부분의 사람들은 다른 사람이 얼마 받는지 관심이 없으며, 합리적 개인들은 자신이 벌고 싶은 만큼 벌고 쓰고 싶은 만큼 쓴다고. 그러나 현실은 그렇지 않다. 아무리 소득이 높아도, 남들이 더 높은 소득을 받는다면 이는 '더 열심히 일해야 한다'는 자극으로 작용한다.

임금에 대한 사람들의 심리적 만족감이 상대적인 잣대에 의해 결정된다는 연구결과가 있다. 솔닉Sara Solnick과 헤먼웨이David Hemenway 교수는 노동자들에게 상대적 지위가 얼마나 중요한지 잘 보여주는 연구를 수행했다. 그들은 하버드 보건대학원의 교수들과 학생들에게 다음의 두 가지 경우(① 또는 ②) 중 어떤 상황을 선호하는지 설문조사를 했다.[6]

① 당신은 매년 5만 달러를 벌지만, 다른 사람들은 2만5000달러를 버는 상황.
② 당신은 매년 10만 달러를 벌지만, 다른 사람들은 20만 달러를 버는 상황.

합리적으로 생각했을 때는 당연히 10만 달러를 받는 게 훨씬 더 이득이다. 그러나 실제 조사에서는 놀랍게도 절반이 넘는 응답자(56%)가 상대적으로 소득이 우위인 ①의 상황을 선택했다. 절대소득은 ②의 경우가 두 배나 더 높지만, 다른 사람보다 절반

밖에 못 버는 상황을 사람들은 피하려 한 것이다. 이 결과가 뜻하는 바는 무엇일까?

이 연구 결과가 나왔던 1998년에 미국 가구의 중위소득(가구를 소득 기준으로 줄을 세웠을 때 가장 가운데 위치한 가구가 받는 소득)은 4만 달러가 채 되지 않았다. 응답자들은 절대소득이 낮은 ①의 경우에도 '뭐 그다지 나쁘지 않은 소득이네'라고 생각했을 것이다. 설문에 응답한 사람들은 자신의 소득이 ①에서 ②로 변하는 상황도 상상했을 것이다. 즉 자신의 소득은 2배 증가하지만, 남의 소득은 8배 상승하는 상황. 그래서 자신의 소득이 다른 사람의 반 토막이 된다면 자존심에 상처가 나리라 생각했을 것이다. 또한 반 토막 연봉으로 인해 무시당할 것이라는 두려움에 사로잡혔을 수도 있다.

그래서인지 사람들은 남의 연봉에 관심이 많다.[7] 신문은 해마다 소득이 가장 높은 직업을 소개한다. 많은 사람들은 이들이 벌어들이는 수억대의 연봉을 보며 심한 좌절감을 느낀다. 공공기관 직원들의 연봉이 발표될 때마다 걔네들은 무슨 일을 하기에 그렇게 많은 돈을 받느냐는 지탄의 목소리가 여기저기에서 흘러나온다. 현대자동차 직원들의 평균 연봉이 공개될 때에는 저렇게 많이 벌면서 또 데모질이냐는 격앙된 목소리도 자주 들린다.

이처럼 사람들은 남의 소득에 민감히 반응하며 자신의 벌이와 비교하곤 한다. 하지만 사람들이 모든 부분에서 주변과 비교하는 것은 아니다. 솔닉과 헤먼웨이 교수가 수행한 또 다른 흥미로운 설문조사를 보자. 이들은 근로소득에 대한 질문을 여가로 바꿔서 다시 사람들에게 물어보았다.

① 당신에게는 2주의 휴가 기간이 있지만, 다른 사람은 1주의 휴가가 가능한 상황.

② 당신에게는 4주의 휴가 기간이 있지만, 다른 사람은 8주의 휴가가 가능한 상황.

이 질문에는 응답자 중 ①이 좋다고 대답한 사람은 18%뿐이었다. 80% 이상이 ②를 선택했다. 이 질문은 소득이 휴가기간으로 바뀌었을 뿐 앞서 살펴본 질문과 상황이 똑같다. ②의 상황은 ①에 비해, 자신의 휴가는 2배 늘었지만 남의 휴가는 8배 증가한 상황이다. 그러나 사람들은 소득의 경우와는 달리 주변 사람들이 얼마나 많은 휴가를 받든지 상관없이 자신이 더 많은 휴가를 즐기는 걸 택했다. 이건 다른 사람들의 긴 휴가가 나를 배아프게 하지 않는다는 뜻이기도 하다.

이 연구 결과는 우리가 일상에서 남들과 특별히 더 많이 비교하는 영역이 따로 있음을 얘기해준다. 앞서 살펴보았던 소득이 바로 이 영역에 포함된다. 특히 돈의 힘이 강하게 작용하는 자본주의 사회에서는 더욱 그러하다. 그래서 다른 사람들이 얼마나 많이 벌고 있는지에 대해 끊임없이 안테나를 세운다. 연봉이 1억 원일지라도, 주변 사람들 대부분이 5억 원을 번다는 사실을 안 순간, 1억밖에 벌지 못하는 자신의 신세를 한탄하게 된다. 하지만 소득과는 달리, 다른 사람들이 5주의 휴가를 간다고 해서 자신이 즐기는 1주 휴가의 가치가 쪼그라들진 않는다. 솔닉과 헤먼웨이 교수의 연구는, 사람들이 '자녀가 뿜어내는 매력' '직장 상사로부터의 칭찬' '자신이 뿜어내는 매력' '자녀의 지능' '자신의 지능' '자녀의 교육 정도' 등의 부분에서는 다른 사람들과 민감하게 비교하고 있다고 밝혔다.

우리는 이러한 '상대성'이 생활의 많은 부분을 좌우한다는 것을 직감적으로 잘 알고 있다. 케인스도 비교로 충족되는 상대적 욕구가 인간의 희로애락을 결정할 수 있다고 이야기했다. 케인스는 욕구를 타인의 시선이나 평가에 상관없이 느끼는 절대적인 것과, 타인보다 더 나은 위치에 서고자 하는 상대적인 것으로 나누었다.[8] 그가 욕구를 나누는 기준은 '타인과의 관계'이다. 배고픔이나 추위를 해결하고자 하는 욕구는 타인의 시선이나 평가에 휘둘리지 않는다. 이런 절대적 욕구는 그 끝이 분명하다. 채우려고 한다면 채워지는 것이다. 하지만 타인과의 경쟁적 관계 속에 있는 상대적 욕구에는 끝이 없다. 경쟁에 깊이 빠져들수록 새로운 욕구가 계속적으로 생겨나기 때문이다.

상대적 욕구는 지위에 대한 열망이라 할 수 있다. 근로소득은 '타인과의 관계' 속에서 많고 적음이 결정된다. 다른 사람의 월급봉투가 불룩할수록 내 월급봉투 속 돈의 가치가 보잘것없이 느껴지는 이유는 상대의 불룩한 봉투가 내 봉투의 상대적 지위를 낮추기 때문이다. '불룩하다'와 '홀쭉하다'라는 개념은, 그 양쪽을 잇는 띠스펙트럼의 길이가 길면 길수록 더욱 명료해진다. 격차가 커질수록 가진 이의 돈은 더욱 빛나고, 덜 가진 이의 부러움은 팽창한다. 그래서 대다수의 사람들에게 다른 사람보다 더 열심히 그리고 더 오래 일해야 한다는 강박관념이 심어진다. 열심히 일하는 주변 사람을 볼 때마다 불쑥 솟아나오는 '나만 뒤처질 것 같은' 불안감, 노동시간을 늘리는 데 이보다 더 강한 자극은 없다.

더 열심히 일해서 더욱 많이 벌어야 한다는 욕망은 근로소득의 띠스펙트럼이 길어질수록, 즉 상대적 위치가 더욱 선명하게 드러날수록 자극받는다. 우리가 더 열심히 일해도 쉬지 못하는 이유는, 지위 격차가 점차 커지는 사회 속에서 살고 있기 때문이다. 직장에서의 점점 커져가는 격차는 지위경쟁을 더욱 치열하게 조장할 것이다. 그래서 우리나라 사람들의 마음속에 '더 열심히 일해야 한다'는 강박감은 쉽게 떠나지 않을 것이다. 세계에서 가장 긴 노동시간을 보내고 있는 상황인데도 말이다.

풍요로운 사회,
줄지 않는 노동

풍요로운 사회에서의
불안한 고용

일하고 일해도 쉴 수 없는 세상. 이런 세상은 타인보다 더 높은 지위를 얻고자 하는 우리의 욕망과 그 욕망을 자극하는 지위경쟁으로 인해 만들어졌다. 상대평가와 그에 따른 소득의 격차가 큰 사회에서는 더 열심히 노동하지 않을 경우 줄의 뒤쪽으로 점점 처져 낮은 보수를 받을 수밖에 없다. 더 높은 소득, 그러니까 더 높은 지위를 차지하기 위한 노력이 지위경쟁을 격화시켜왔다. 하지만 더 많은 소득만이 지위경쟁을 촉발하는 유일한 요인은 아니다. 반대편에서는 뒤처지는 사람들에 대한 벌칙, 즉 '불안정한 고용'에 대한 불안감이 지위경쟁을 촉발한다.

여기서는 먼저 풍요한 사회에서 왜 고용불안이 발생하는지, 그리고 왜 기술이 발전하고 생산력이 발달해도 노동시간이 단축되지 않는지에 대해 살펴보겠다. 이를 통해 고용불안이 우리 사회에서 지위경쟁을 일으키고 있음을 설명하려 한다.

일찍이 제레미 리프킨Jeremy Rifkin은 『노동의 종말The End of Work』(1995)이라는 책에서 과학기술의 발달이 전세계적으로 수만 개의 일자리를 사라지게 할 것이라고 예측했다. 그는 과학기술의 발달로 대변되는 생산성의 변화를 3차 산업혁명the third industrial revolution이라 불렀다. 1차 산업혁명은 우리가 잘 알고 있는 증기기관으로 대표되는 것이었다. 당시 도입된 기계는 사람의 노동력을 대체했고, 이는 생산력을 폭증시켰다. 2차 산업혁명은 석유·석탄 등의 화석연료를 동력으로 하는 산업이 전기공학과 접목되면서 일어났다. 20세기 초에 일어난 이 변화는 컨베이어 벨트를 이용한 작업의 표준화와 분업을 통해 생산력을 빠르게 증가시켰다. 1,2차 산업혁명 모두 경제를 폭발적으로 성장시키는 데 기여했고, 소비를 촉진시켰으며, 이 과정에서 고용이 지속적으로 증가했다.

리프킨은 3차 산업혁명은 과거에 있었던 산업혁명과 성격이 많이 다르다고 강조했다. 이 혁명이 고용을 감소시키는 방향으로 전개되기 때문이다. 그는 일자리 위협에 노출된 직종은 자동화automation 시스템이 쉽게 대체할 수 있는 육체노동자와 도소매업 종사자일 것이라 예측했다. 반면에 과학기술이 발달하는 과정 속에서 소수의 지식 종사자들은 더 많은 이익을 얻을 것으로 보았다. 그가 상상한 미래는 두 가지로 요약된다.

① 과학기술의 발전은 자동화를 이끄는 계층에 많은 특혜를 줄 것이다. 반면에 자동화는 사회경제적 지위가 낮은 계층이 담당하던 일자리를 빼앗을 것이다.

② 과학기술의 발전은 자동화를 보조하기 위한 저임금, 시간제 노동자를 더욱 크게 양산할 것이다.

리프킨의 주장은 '정말로 과학기술의 발전이 우리의 일자리를 빼앗을 것인가?'에 대한 수많은 논란을 낳았다. 많은 학자들은 리프킨의 주장이 사람들의 관심을 끌기 위해 과장한 너무나 자극적인 시나리오라고 일축했다. 이들은 '과학기술의 발전 → 생산성의 발전 → 실업의 증가'라는 논리는 러다이트 오류Luddite fallacy[9]에 빠진 발상이라고 비판했다. 이런 비판을 뒷받침하는 증거는 간단명료했다. 1차 산업혁명 이후로 과학기술은 눈부시게 발전했지만, 실업이 크게 증가되지는 않았다는 점이다. 물론 새로운 기술이 도입되면서 일자리를 잃은 사람들도 존재한다. 석탄을 대체할 에너지원이 개발되면서 광부들의 일자리가 줄었고, 현금인출기ATM의 도입으로 은행 창구에서 돈을 내주던 이들의 일자리도 줄었다. 하지만 줄어든 만큼 새로운 일자리가 창출되었기 때문에 고용은 안정적으로 유지될 수 있었다. 이처럼 기술의 발전이 경제의 구성composition of economy을 바꾸기 때문에 실업문제는 발생하지 않는다는 주장도 설득력이 있다.

하지만 기술의 진보가 실업으로 이어지지 않으려면 반드시 충족되어야 하는 조건이 있다. '없어지는 일자리가 새롭게 생기는 일자리보다 적거나 최소한 같아야 한다'는 것이다. 1차 산업혁명과 2차 산업혁명에서 실업의 충격이 작았던 이유는 생기는 일자리와 잃는 일자리가 엇비슷했기 때문이다. 그래서 3~4%대의 안정적인 실업률로 꾸준한 경제성장을 이끌어낼 수 있었다.

안타깝게도 자동화로 대변되는 3차 산업혁명은 과거와는 사뭇 상황이 다르다. '없어지는 일자리 > 새롭게 생기는 일자리'이기 때문이다. 그리고 더 중요하게는 '새롭게 생기는 일자리'의 질도 예전 같지 못한 상황이다. 리프킨이 얘기하는 3차 혁명은 '좋은 일자리를 가진 사람들'과 '그렇지 못한 사람들' 간의 격차를 더욱 뚜렷하게 하고 있다.

리프킨이 이런 주장을 한 지 20년이 지났다. 리프킨의 주장은 '러다이트 오류'라는 딱지가 붙여진 채로 오랫동안 무시돼왔다. 하지만 지금은 리프킨의 직관이 옳았음을 보이는 연구 결과들이 보고되고 있다. 2013년 옥스퍼드대학의 한 연구소에서는 앞으로 20년간 과학기술 및 로봇의 발전으로 미국 내 약 50%의 일자리가 사라질 것이라는 보고서를 내놓았다. 이 보고서는 약 700종류 일자리에 대한 검토를 통해, 기술의 발달이 농업·건설업·제조업 등 저임금 노동인력들에게 가장 큰 타격을 입힐 것이라 예측하고 있다. 보고서는 다음과 같은 말로 연구 결과를 정리했다.

우리 연구의 결과는, 기술이 발전할수록 저숙련 노동자들이 창조적인 지식을 요하는 직종, 기술의 발전에 덜 영향을 받는 직종으로 이동할 것이라 암시하고 있습니다. 하지만, 이러한 저숙련 노동자들이 경쟁에서 살아남기 위해서는 창조적인 지식들을 반드시 습득해야만 합니다.[10]

마이크로소프트의 창업자인 빌 게이츠Bill Gates도 미국기업연구소 소장 아서 브룩스Arthur Brooks와의 인터뷰에서 다음과 같이 말했다.

과학기술의 발전은 시간이 지남에 따라 노동에 비해 자본을 더욱 매력적으로 만들 것입니다. 소프트웨어가 자동차 운전자, 웨이터, 간호사, 심지어는 당신이 지금 하는 일을 대신할지도 모르지요. (…) 기술의 진보는 저숙련 노동자들이 담당했던 직종에 대한 수요를 감소시킬 것입니다. 이러한 일들은 매우 빠른 속도로 이루어지고 있으며, 20년 후에는 상당수의 직종들에 대한 수요가 감소할 것입니다. 하지만 사람들은 이런 일이 발생할 것이라고 생각하지 않는 듯합니다.[11]

2014년 다보스 포럼에서 에릭 슈미트Eric Schmidt 구글 회장도 빌 게이츠가 말한 것과 똑같은 경고를 했다. 그는 앞으로 20~30년간 인류가 직면한 가장 중요한 문제 중 하나를 '기계가 인간을 대체하는 것'으로 보았다. 또한 이러한 문제로 인해 중산층 직종들middle-class jobs이 가장 큰 영향을 받을 것이라 예측했다.

정보처리 능력과 인공지능이 발전하면서 알고리듬algorithm이 단순한 작업들은 기계로 대체되고 있다. 그래서 일자리가 빠르게 사라지고 있다. 물론 이런 시각이 쓸데없는 걱정이라 말하는 전문가들도 여전히 많다. 이들은 대체되는 일자리만큼 기술 관련 직종들이 늘어나서 고용불안 문제는 없을 것이라는 입장을 되풀이한다. 하지만 이번에는 상황이 다른 듯하다. 많은 주류 경제학자들조차도 과학기술의 발전으로 늘어나는 일자리보다 줄어드는 일자리가 훨씬 많을 것으로 예측하고 있으니 말이다.

특히 저숙련 노동자의 일자리는 빠른 속도로 위협받고 있다. 운동장만 한 대형마트에는 20명도 채 안 되는 종업원이 일하고 있는데, 그 대부분이 바코드 찍는 작업만을 반복하고 있다. 이들은 대개 계약직으로 일하며 최저임금에 가까운 돈을 받고 있다. 이젠 도서관에서 기계가 책을 빌려주고, 은행직원을 대신한 ATM이 돈을 내어주고, 자판기가 상품을 내어준다. 무인 호텔이 등장했고, 곧이어 운전자 없이 작동하는 자동차도 나올 것이라 한다.

줄지 않는
노동 시간

고용의 불안은 '일하는 자'와 '일하지 못하는 자', '많이 받는 자'와 '그렇지 못한 자' 간의 격차를 심화시켜왔다. 혹자는 얘기한다. '이런 격차가 우리 사회를 발전시키는 원동력이 되어 왔다'고. 또 '다른 사람들보다 더 많은 부를 창출하고자 하는 욕구는 기업인들에게는 기술혁신의 의욕을 높이고, 궁극적으로는 더 높은 생산성을 갖는 풍요로운 사회로 이어지게 된다'고. 그리고 '이렇게 상품이 넘쳐나는 풍요로운 사회가 오면, 사회구성원들의 소득격차가 줄어드는 황금기를 맞이하게 된다'고 말이다.

세상이 이러한 스토리로 전개되리라 생각하는 이들이 보기에, 고용에서의 격차는 이 사회를 풍요롭게 하는 일시적인 촉매제다. 사람들의 노동 의욕을 양껏 고무하고서는 사회가 충분히 잘살게 되었을 때는 사라지는 그런 촉매제 말이다. 이런 해피엔딩 스토리를 선호하는 사람들은 세상이 사이먼 쿠즈네츠Simon Kuznets라는 경제학자가 얘기한 역逆∪자 커브처럼 발전해갈 것이라고 생각한다. 쿠즈네츠는 경제성장과 불평등의 관계가 역∪자 형태라고 주장했다. 즉 불평등 수준은 성장 초기에는 낮았다가 성장할수록 급속하게 높아지며, 충분히 잘살게 될 때는 다시 낮아진다는 것이다. 그러니까 불평등은 시간이 지남에 따라 ∩의 형태로 변한다는 뜻이다. 이를 주장하는 사람들은, 모두가 잘살게 되면 성장보다는 분배에 더 신경 쓰게 될 것이라고 강조한다.

한국인들 역시 한동안은 경제가 성장하고 나면 불평등이 사라질 거라 믿으며 열심히 노력해왔다. 그러나 역∪자 곡선의 희망찬 전망은 현실에서 이뤄지지 않았다. 기술혁신과 최적화 전략을 통해 우리는 과거 10시간에 끝낼 일을 지금은 1시간, 아니 몇 분 안에 할 수 있을 정도로 큰 진전을 이루어냈다. 여기까지는 좋다. 그런데 다양한 사람들을 더 많이 만나고, 더 빨리 더 많은 일을 처리해서 우리는 더 편해졌는가? 기술의 진보와 최적화로 절약된 시간을 고마워하며 우리는 두 발을 뻗고 쉴 수 있게 되었는가? 아니, 그 반대라고 생각하는 사람들이 더 많을 것이다.

왜 생산성이 향상돼 경제가 성장해도 사람들은 더 행복해지

지 않는가? 생산성의 향상이 인간의 삶에 미치는 영향에 대해서
는 과거부터 다양한 의견이 존재해왔다. 실제로 많은 이들이 기
계가 인간의 노동을 대신함으로써 사람들이 노동으로부터 해방
되고 여가도 증가할 것이라고 예측했다. 그리스의 시인 안티파트
로스Antipatros는 기원전 1세기경 물레방아가 주는 높은 생산성에
다음과 같은 찬사의 시를 읊었다고 한다.

제분소의 일꾼들이여, 맷돌을 돌리던 팔을 내려놓고 평화롭게
잠들라. 새벽을 알리는 닭의 울음소리도 헛될 것이다. 데메테르
여신은 이들의 님프들에게 노예의 노동을 떠맡기고는 즐겁게 바

퀴 주위를 뛰어다니고, 차축이 흔들리며 바퀴살이 함께 굴러 무거운 절구돌이 회전하는 것을 지켜보았다. 우리 조상들이 살던 대로 살고, 신이 우리에게 허여許與하신 선물을 즐기며 이 한가로운 삶을 즐겨 보세나.[12]

물레방아가 웬 말인가? 증기기관이 도입되었던 19세기 초에도 인류는 살인적인 노동시간에 허덕였다. 역설적이게도, 인류 역사에서 노동시간은 생산성이 폭발적으로 향상되던 산업혁명기에 가장 길게 연장되었다. 하루에 고작 몇 개밖에 만들지 못하던 옷을, 인간의 노동을 대신하는 기계가 수천 장 이상 찍어내는 상황에서도, 옷 공장 종업원들의 노동시간은 줄어들지 않았다. 1800년경에는 일상적인 노동시간이 하루 14시간이었고, 17~18시간 이상은 되어야 혹사당하는 것으로 여겨졌다고 한다.[13]

노동의 조건이 이토록 열악한 시대를 살았던 존 스튜어트 밀John Stuart Mill조차도, 미래를 낙관적으로 판단했다. 그는 『정치경제학의 원리Principles of Political Economy』(1848)라는 책에서 인류의 부가 밑도 끝도 없이 증가하진 않을 것이라 전망한 바 있다.[14] 그는 가까운 미래에 더 이상의 성장이 필요 없는 정상상태stationary state가 올 것이라 예상했다. 그리고 이런 정상상태에서는 사람들이 더 이상 기술의 진보와 부의 축적에 관심을 가지지 않을 것이라 생각했다. 따라서 노동시간이 줄어들면서 사람들은 새롭게 확보한 시간을 여가나 삶의 질을 증대시키는 데 사용할 것이라는 게 밀의 예측이었다.

생산성이 발전하면 노동시간은 줄어드는 게 당연해 보인다. 8시간 일해서 만들던 물건을 4시간 만에 만들 수 있다면 노동시간을 4시간 줄여도 될 것이다. 만약 사회가 매우 풍요로운 상황인데도 사람들이 노동시간을 줄이지 않는다면, 과잉생산을 피할 수 없다. 결국 가격이 갑작스레 떨어지고 필요 이상의 상품 소비가 나타날 수 있다. 물건 값이 너무 싸지니 고용주에게 이익이 많이 남지 않을 뿐더러, 상품이 너무 많이 소비되니 사회적으로도 바람직하지 못하다. 그럼 가장 좋은 대안은? 사람들이 4시간만 일하고 나머지 시간을 각자가 원하는 것을 하며 보내면 된다. 밀을 포함한 당대의 지식인들은 이런 장밋빛 미래가 오리라 믿었기에, 산업기술이 발전하면 여가가 늘고 삶의 질이 증가할 것이라 예측한 것이다.

그런데 왜 세상은 이런 믿음대로 진행되지 않았을까? 버트런드 러셀Bertrand Russell은 세상이 이렇게 진행되지 않은 이유를 간단하게 설명한다. 고용주들이 노동자들을 여전히 8시간 일하게 하고, 나머지 절반의 노동자들을 회사에서 쫓아내는 방법을 택하기 때문이다. 회사에서 살아남은 노동자들은 여전히 8시간을 일하지만, 더 효율적으로 진행되는 생산과정 속에서 노동 강도는 세져만 갔다.[15] 이게 바로 누구는 일거리가 없어 놀고 있는데 또 다른 누구는 만성적인 과로에 시달리고 있는 이유이다. 일하고 있는 사람들도 자신들을 대체할 인력이 주변에 많으니 이제 실직

의 압박을 받게 된다. 그래서 이들도 실직하지 않기 위해 최선의
노력을 다해야 한다.

한쪽에는 과로가,
다른 쪽에서는 실업이 넘쳐나는 아이러니

물론 생산성과 노동시간의 관계를 이렇게 도식적으로만 설명할
수는 없다. 사실 생산성과 노동시간과의 관계를 설명하기 위해서
는 '경제상황'도 고려해야 한다. 경기가 좋아질 때, 즉 투자·생산
·고용·소비가 모두 활발해질 때는 상품의 수요와 공급이 팽창한
다. '호황'이란 시장에 상품을 더 많이 찍어내야 하는 상황이다.
이러한 상황에서 산업생산성이 일정하게 유지된다면 고용주가
택할 수 있는 방법은 크게 두 가지다. 직원을 더 채용하거나, 아니
면 노동시간을 늘리거나. 하지만 이 두 가지 방법 모두 만만찮다.
경제가 호황일 때에는 대부분의 노동자가 이미 고용된 상황이기
때문에 새로운 사람을 구하는 게 쉽지 않다. 또한 더 많이 일해달
라고 요구하는 것도 노동자들의 집단적 반발에 부딪힐 가능성이
크다. 이럴 때 산업생산성의 향상은 진퇴양난의 상황을 타개하게
해준다. 노동자들이 하던 만큼만 일해도 시장에서 팽창하는 수요
를 충족시킬 수 있기 때문이다.
　하지만 경기가 나빠진다면 상황이 다르다. 이때에도 고용주가

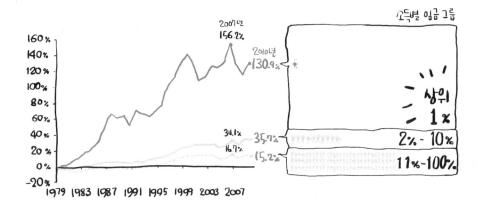

택할 수 있는 방법은 크게 두 가지이다. 노동자들의 노동시간을 줄이거나 생산성 기여도가 낮은 사람부터 자르거나. 대부분의 고용주는 사람을 자르는 방식을 택한다. 방식은 간단하다. 실적에 따라 줄을 세운 후 가장 뒤에 서 있는 사람을 자르는 것이다. 경기가 침체될 때 취업난이 심해지는 이유는 여기에 있다.

그렇다고 살아남은 노동자들의 상황이 좋은 건 아니다. 위의 그림[16]은 소득분위별로 임금의 분배가 매우 다르게 진행되고 있음을 보여준다. 1979년[17]부터 최근까지 하위 90%(소득 순으로 줄을 세운 후 상위 10%를 뺀 계층)의 실질소득은 15% 증가하는 데 그친 반면, 상위 1%의 소득은 130% 증가했다. 1979년에 이미 상위 1%가 받은 임금이 하위 90%가 받은 임금보다 크다는 점을 감안한다면, 이러한 변화의 격차는 실로 엄청난 것이다.

노동시간이 생산성 향상에 발맞춰 감소하지 않는 것은, 이렇

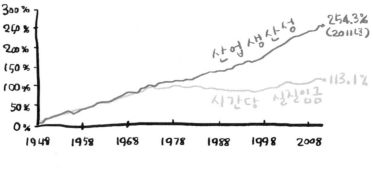

1948년 이후의 누적비율 변화

게 높아지는 효율성의 실익이 골고루 배분되지 않기 때문이기도
하다. 위의 그림[18]은 1970년대 중반 이후로 미국의 산업생산성과
실질임금의 차이가 급속하게 벌어져왔음을 보여주고 있다. 1인
당 생산하는 물건은 많아졌는데(그래서 1인당 소비할 수 있는 물건도 많
아졌는데), 노동자가 받는 시간당 임금은 크게 변하지 않았다는 얘
기다. 게다가 이 기간 미국에서의 노동시간은 약간 늘었다. 산업
생산성은 엄청난 속도로 높아져왔는데 노동시간이 오히려 늘었
다는 게 놀랍지 않은가?

먼저 상위 1%에게 보수가 쏠리는 승자독식의 구조가 심화되
고, 둘째로 과학기술의 발전으로 인해 하위 계층이 담당하던 일
자리가 단순노동으로 강등되며 일자리의 질이 떨어지면서, 계층
의 상대적 격차가 지속적으로 커지고 있다. 그러니 밀려나지 않
기 위한 지위경쟁이 격화될 수밖에 없다.

이제 우리나라의 예로 돌아와보자. 우리나라 1인당 국민소득은 3만 달러다. 결코 작은 액수가 아니다. 1인당 평균 3000만 원 꼴이다. 3인 가족을 기준으로 하면 9000만 원, 4인 가족 기준이면 1억2000만 원의 가구소득으로 계산된다. 물론 이는 소득이 완벽히 평등하게 배분되었을 때의 수치다. 현실에서는 4인 기준으로 1억2000만 원 이상을 버는 가구가 그리 많지 않다. 2015년 현재 1억 원 이상을 버는 가구는 8.8%이며, 4인 가족 중위소득은 약 5000만 원(월 420만 원 정도)에 지나지 않는다. 대다수 사람들의 보수가 이렇게 평균에 턱도 없이 미치지 못하는 이유는 분명하다. 소득계층 사다리 위쪽에 있는 누군가가 훨씬 더 많은 소득을 가져가고 있기 때문이다.

이 시대를 사는 많은 사람들은 장시간 노동에도 불구하고 '쥐꼬리(?)만 한 소득'을 받는 것에 대해 깊이 생각하지 않는다. 사람들은 막연하게, 이러한 노동을 통해 사회가 발전하고 자신의 삶도 풍요로워진다는 믿음을 가지고 있는 듯하다. 그러나 이런 믿음에도 불구하고 당장 일을 그만두면 생존에 위협을 느끼는 사람들이 많다. 스스로에게 물어보라. 당신은 일하지 않고 두세 달 이상을 '편안하게' 버틸 수 있는가? 두세 달이 웬 말인가? 당장 한 달도 버티기 힘든 사람이 부지기수다. 물질적 부가 가장 풍부한 미국에서도 최근의 한 설문조사에서 75% 이상의 사람들이 갑작스런 실직에 처한다면 6개월 이상을 버틸 수 없다고 답변했다.[19] 더욱이 이 조사에서는 미국인의 25%가 저축이 전무한 상태라는 사실이 드러났다. 대부분의 미국인에게 일하지 않는 삶은 상상조차 할 수 없는 것이다. 우리나라의 경우도 미국과 크게 다르지 않다. 한국보건사회연구원에 따르면, 실직이나 폐업이 발생하면 중산층의 75%는 빚을 얻거나 자산을 팔지 않고 6개월을 채 못 버티는 것으로 나타났다.[20]

아예 일자리를 구하지 못하는 사람들도 있다. 청년 취업난과 중·장년층의 조기퇴직 바람은 일자리를 갖는 것 자체가 얼마나 힘든 일인지 보여주고 있다. 이러한 우울한 사회현상의 이면에는, 불안한 일자리를 유지하고 있는 노동자들과 가까스로 취업에 성공한 이들이 겪는 과중한 실적 압박에 대한 어두운 이야기들이 존재한다. 21세기 첨단과학으로 무장한 공장들이 전대미문의 속도로 상품을 뽑아내는 시대에, 그래서 주위에 먹고 마실 것이 넘쳐나는 풍요의 시대에 누구는 일이 많아 '힘들어' 죽겠다고 하고, 누구는 일이 없어 '배고파' 죽겠다고 한다.

취업을 위한
지위경쟁의 딜레마

풍요로운 사회에서의 과잉노동은 우리 사회가 처한 딜레마다. 상품이 차고 넘치는데 죽도록 일해야 하는 상황이니 말이다. 과잉노동 사회에서의 구직난 또한 딜레마다. 누구는 죽도록 일하는 데, 누구는 일을 못해 안달이니 말이다. 이런 딜레마가 발생하는 이유는 바로 '생산성 향상'과 '노동자들 간의 격차 확대'에 있다. 자본이 노동을 지속적으로 대체하는 상황은 일자리를 줄여 실업률을 높였다. 그나마 일하고 있는 사람들에게는 실업의 위협뿐만 아니라 낮은 임금이 강요되었다.

이러한 사회경제적 상황의 변화는 지위경쟁의 성격을 다중적으로 바꾸어놓았다. 이제 고용시장에서의 높은 지위는 '훌륭한 보수'뿐만 아니라 '오래 살아남을 수 있는 직장'으로도 대변된다. 고용상황이 불안정해지니 더 오랜 생존을 가능하게 하는 직장이 선호되고 있으며, 그런 직장을 가지면 주변 사람들이 우러러본다. 이러한 시대상황을 반영하듯, 대학생을 대상으로 한 설문조사에서 가장 인기 있는 직종은 단연 공무원이다. 둘째는 돈 많이 주는 대기업이다.

그렇다면 여기서는 공무원과 대기업 직원이 되기 위한 젊은 이들의 노력이 지위경쟁의 폐해와 어떻게 연결되는지를 한번 들여다보자.

요즘과 같은 공무원의 인기는 전무후무하다. 취업준비생 10명 중 4명이 공무원시험을 준비하고 있는 상황이니 그 인기가 하늘을 찌른다고 해도 과언이 아니다.[21] 직업 안정성도 높고, 은퇴 후 연금도 일반직장인에 비해 크게 높기 때문에 많은 이들이 공무원 되기를 희망한다. 공무원이 되기 위해서는 하나의 큰 관문인 시험을 통과해야 한다. 하지만 누구나 알고 있듯이 이 시험은 참으로 만만찮다. 인사혁신처에 따르면 2016년 9급 공무원시험 경쟁률은 54 대 1이다. 4120명을 뽑는 데 약 22만 명이 원서접수를 했다. 행정직 (전국)일반의 경쟁률은 특히 높다. 407 대 1이다. 89명을 뽑는 데 약 3만6000명이 지원한 것이다. 행정직 (지역)일반의 경쟁률도 만만찮다. 126명 모집에 약 2만7000명이 몰려 217 대 1의 경쟁률을 기록했다. 7급 공무원 경쟁률 또한 매우 높다. 총 870명 모집에 6만6000명 정도가 지원해 77 대 1의 경쟁률을 보였다. 고위 공무원을 선발하는 5급 시험도 예외는 아니다. 382명 모집에 1만7000명이 지원해서 약 44 대 1의 경쟁률을 보였다.

이처럼 많은 사람들이 공무원이 되기 위해 공부하고 시험을 본다. 하지만 원하는 사람의 수에 비해 그 자리는 턱없이 부족하다. 합격자들은 대단히 우수한 사람들이다. 이들이 뚫은 엄청난 경쟁률은 이들이 얼마나 우수한 인재인지를 방증한다. 공무원이 되기 위한 치열한 경쟁은 해를 거듭할수록 수험생들의 수준을 높인다. 그러니 시험에 합격하지 못한 사람들 중에도 우수한 인재가 넘쳐난다. 이들도 수년에 걸친 공부를 통해 공무에 적합한 지식들을 충분히 습득했을 것이다. 하지만 우리 사회는 이들이 쏟은 노력에 대해서는 크게 생각하지 않으며, 이들의 노력은 아무 보상을 받지 못한다.

'고시 낭인'이란 말이 있다. 오랫동안 시험에 붙지 못한 채 계속 시험 준비만 하는 사람을 가리키는 말이다. 이번 시험엔 떨어졌어도 다음번엔 붙을 것 같아 희망의 끈을 놓지 못하는 사람들. 시험 준비 기간이 오래될수록 '낭인'이란 도장은 더욱 선명해진다. 9급 공무원시험 경쟁률이 54 대 1이란 말은 54명 중 53명은 헛고생(?)했다는 이야기이기도 하다. 이를 헛된 고생이라 명명한 것에 불쾌해하지 않기를 바란다. 원하는 것을 얻으려 노력했지만 성공하지 못했다는 의미니까. 그리고 이들 대부분은 끝끝내 원하는 바를 얻지 못할 것이다.

높은 지위를 나타내는 직업은 젊은이들에게 쟁취해야 할 그 무엇이 된다. 취업의 서열에서는 그게 공무원이기도 하고, 대기업 직원, 아니면 아주 잘나가는 중소기업 직원이기도 하다. 여기에 끼지 못해 슬퍼하는 사람들이 이 세상에 널렸다. 슬퍼지지 않기 위해 도전에 도전을 거듭하지만 많은 이들의 도전은 실패할 운명이다.

대기업 삼성그룹의 공개 채용은 이른바 '삼성고시'라 불린다. 2013년 공채에서는 9000명을 뽑는 데 20만 명이 몰렸다. 2014년 상반기에 5000명의 신규직원을 모집했는데, 여기에 10만 명이 지원했다. 20 대 1의 경쟁률이다. 2015년과 2016년도 마찬가지였다. 우리나라에서 적극적 구직활동을 하는 사람이 30만 명이라고 하니 그중 약 30% 이상이 삼성에 지원한 셈이다. 삼성 직원이라는 지위의 가치가 이렇게 높다. 삼성에 원서를 내민 10만 명의 취업준비생은 삼성직무적성검사GSAT를 받아야 한다. 언어·수리·추리·상식·시각적 사고 등 5개 과목으로 구성되어 있는데,

지원자들은 마치 수능시험을 치르듯 이 시험을 준비한다.

발 빠른 취업학원들은 적성검사의 기출문제를 수집해서 여러 가지 예상문제를 만들어 취업준비생들에게 판다. 시험문제를 예측하는 취업학원도 곳곳에 등장할 정도다. 수험생들은 갖가지 정보를 바탕으로 짧게는 3개월, 길게는 6개월에서 1년이 넘는 기간을 적성검사 공부에 투자한다. 실제로 적성검사는 삼성이라는 기업과 계열사 업무에 맞는 구직자들을 선별하기 위해 만들어졌다. 하지만 삼성을 향한 치열한 경쟁은 '적성을 공부'해야 하는 상황을 만들었다.

삼성은 이 시험에 지원자가 너무 많아서 골머리를 앓고 있다. 최근에 삼성은 지나친 경쟁으로 인한 부작용을 줄이기 위해 채용제도를 개편했다. 누구에게나 응시하게 했던 적성검사를 서류전형을 통과한 자에게만 부여하는 식으로 제도를 바꾸었다. 이런 개편을 통해 적성검사 지원자 수를 10만에서 5만으로 축소했다. 시험의 난이도도 역시 높이고 있다. 2014년 상반기 적성검사 시험에는 한국사와 세계사 문제는 물론, 공간지각능력을 평가하는 문제도 출제했는데, 적성검사를 치른 취업준비생들의 반발이 쏟아져나왔다.[22] 아마도 삼성 측이 업무적성평가의 취지와는 벗어난 문제들을 출제한 배경에는, 어떻게 하면 취업준비생들의 불만 없이 효율적으로 지원자를 걸러낼 수 있을 것인가 하는 고민이 있지 않았을까 싶다.

사람들은 어떤 이들이 삼성이 뽑는 5000명 안에 들었는가에 대해 관심을 기울인다. 하지만 선택받지 못한 수만 명의 자질에 대해서, 그리고 그들이 쏟아부은 노력에 대해서는 크게 생각하지 않는다. 삼성고시의 문턱이 더욱 높아졌기에 시험에 응시한 이들은 예전보다 더 많은 노력을 하며 시험에 대비했다. 삼성이 바라는 인재상에 자신을 맞추기 위해 시간과 돈을 투자하며 미래를 꿈꿨을 것이다. 하지만 응시자의 대부분은 뽑히지 못했다. 이들의 노력은 어디로 날아갔는가?

공무원시험이든 대기업 공채든 경쟁에서 선택받지 못한 취업준비생들은 '자격'이 부족한 게 아니다. 그들의 유일한 결점은 단지 다른 취업준비생에 비해 성적이 낮다는 것뿐이다. 이들 중 많은 수가 공무원이 되기 위해, 또는 삼성맨이 되기 위해 다시 한 번 시험에 도전할 것이다. 그리고 이들 가운데 다수는 또다시 탈락의 아픔을 겪을 것이다. 상황이 이러하기에 많은 이들의 노력이 그저 불필요한 힘빼기로 끝나버리는 경우가 많다. 이들의 공허한 삽질(?)이 보다 생산적으로 사용된다면, 우리 사회는 지금과는 한참 다른 모습일 수도 있을 것이다.

이런 낭비적 노력은 선택받지 못한 사람들에게만 해당하는 게 아니다. 시험에 합격한 공무원이나 대기업 직원들이 쏟은 필요 이상의 노력도 낭비적 성격이 강하다. 그들의 노력은 경쟁에서 이기는 데는 도움이 되었지만 실제로 직장에서 일할 때는 도움이 되지 않는다. '블록 개수 세기'와 '평면도 조립' 같은 것이 회사에서 일할 때 무슨 소용이란 말인가? 영어 문서를 작성할 일도, 외국인을 만날 일도 없는 직책인데 토익 900점이 왜 굳이 필요한가? 좋은 직장을 가지기 위해서는 국어도, 국사도, 일반상식도 필요 이상으로 많이 배워야 한다. 경쟁에서 이기기 위한 이런 낭비적 노력은 1장에서 본 동물들의 모습을 연상시킨다. 짝짓기 경쟁에서 이기기 위해 화려한 날개나 큰 뿔을 진화시킨 동물들은, 자신들끼리의 경쟁에서는 이길 수 있었지만 집단 전체로는 큰 손해를 봐야 했다.

우리 사회는 고용이 불안정한 시대에 젊은이들이 쏟는 낭비적 노력에 관심을 기울여야 한다. 더욱 치열해지는 경쟁 속에서 강도를 더하는 젊은이들의 헛수고가 우리 사회를 좀먹고 있기 때문이다.

03

소비는 잘 보이기 위한
지위경쟁

상품에 녹아 있는
고급지위라는 기호

지위경쟁사회에서의
소비

충분히 일하고 있지만, 더 일해야 한다는 강박감이 지배하는 사회. 공장의 기계가 쉴 틈 없이 물건을 토해내며 온 세상을 상품으로 가득 채운 풍요 속에서, 우리는 스스로가 너무 게으르다고 자책하며 살아간다. 노동에 대한 강박증은 남보다 더 낮은 직업이나 소득으로의 추락에 대한 두려움으로부터 시작된다. 이 두려움을 기반으로 돌아가는 곳, 바로 지위경쟁사회다.

소비도 마찬가지다. 충분히 쓰고 있지만 항상 더 써야 한다는 갈증에 허덕이는 사회. 소비에 대한 강박증은 남에게 뒤처질 것 같은, 그래서 무시당하거나 사랑받지 못할 것 같은 불안감에서 기인한다. 이 불안감이 경쟁적 소비를 부추기는 곳, 이 또한 지위경쟁사회다. 지위경쟁사회에서는 내가 얼마큼 버느냐보다 내가 남들보다 얼마큼 더 버느냐가 중요하듯이, 소비에서도 내가 필요로 하는 것을 살 수 있느냐보다 남들보다 더 좋은 물건을 살 수 있느냐가 중요하다.

소비는 소득을 전제로 한다. 그래서 지위경쟁사회에서의 소비는 '벌어들인 소득'에서 얻은 지위를 보다 공공연한 방법으로 증명한다. 매년 1억을 버는 사람과 100억을 버는 사람의 소득은 큰 차이가 있다. 하지만 이러한 차이는 겉으로 잘 드러나지 않는다. 내가 얼마 번다고 떠들지 않아도 이 차이를 가장 잘 드러내는 방법이 바로 소비다. 어느 지역에 살고 있는지, 어떤 차를 타고 있는지, 어떤 회원권을 소지했는지, 어떤 시계를 차고 있는지, 어떤 가방을 매고 있는지를 살피면 얼추 소득이 드러나지 않겠는가.

그러니 소득에서의 지위는 소비에서의 지위로 자연스럽게 연결된다. 마티즈를 타는 사람과 소나타를 타는 사람, 나아가 그랜저, 에쿠스 등을 타는 사람은 서로 '급'이 다른 것으로 여겨진다. 실제로 자동차회사들은 고급 자동차를 '대한민국 1%만 탈 수 있는 차'라는 식으로 광고한다. 어느 지역에서 어떤 아파트에 사는지도 거주자의 지위를 반영한다. 아파트에도 브랜드 순위가 있다. 사람들은 명품 의류를 선호하듯 명품 아파트에 살고 싶어 하며, 건설사들도 자신들의 아파트에 아무나 살 수 없는 '귀족적인 이미지'를 부여한다. 소비는 이렇게 자신의 지위를 과시할 수 있는 최고의 기회가 된다.

한우에도 1++등급부터 3등급까지 다섯 가지 등급이 있고, 호텔도 1성급부터 5성급까지 다섯 등급이 있다. 소비와 관련된 차등화는 이렇게 일상 속에서 쉽게 발견할 수 있다. 백화점은 VIP들에게까지 등급을 차등화한다. VIP라고 해도 다 같은 VIP가 아니다. 백화점들은 '얼마를 쓰는지'에 따라 고객들을 줄 세우고, 이들에게 서로 다른 등급을 부여한다. 예를 들어 롯데백화점 VIP는 총구매액을 기준으로 한 'MVG(Most Valuable Guest)'와 특정 명품관 이용객을 대상으로 한 '애비뉴엘'로 나뉜다.[1] MVG는 다시 세 가지 등급으로 나뉘는데 MVG-프레스티지는 연간 6000만 원

이상, MVG-크라운은 3500만 원 이상, MVG-에이스는 1500만 원 이상을 쓴 고객으로 구분하고 있다. 애비뉴엘 또한 세 가지 등급으로 나뉘는데 VIP는 3000만 원 이상, VVIP는 6000만 원 이상, LVVIP는 1억 원 이상 사용한 고객에게 부여된다. '매우 중요한 사람Very Important Person'과 '매우 매우 중요한 사람Very Very Important Person'을 넘어, 그 앞에 '한정되었다'는 뜻인 'Limited'까지 붙여서 'LVVIP'다. 현대백화점도 클럽쟈스민, 블루쟈스민, 블랙쟈스민의 세 등급으로 나누어 최고 고객들을 관리하고 있고[2], 신세계 백화점도 로열(800만 원), 아너스(2000만 원), 퍼스트(4000만 원), 퍼스트 프라임(6000만 원), 트리니티(999명의 최상위 고객)의 5개 등급으로 나누어 구별하고 있다.[3]

이런 소비별 지위 구분이 대중적으로 잘 알려진 사례는 수년 전 중고등학생들 사이에서 유행한 아웃도어 점퍼의 경우다. 2010년대 초반 전국의 교실은 수십만 원을 호가하는 검정색 패딩점퍼를 입은 학생들로 가득했다. 잘 모르는 사람이 보면 교복이 아닌지 착각할 정도였다. 소수의 학생들로부터 시작된 명품 소비는 전국으로 빠르게 퍼져나갔다. 많은 학생(엄밀히 말하면 학부모)들은 경제적 출혈을 감수하고 이 점퍼를 구매했다.

그런데 이 유행하는 점퍼도 가격대에 따라 여러 등급으로 나뉘었다. 비싼 점퍼일수록 더 우월한 지위를 상징했다. 학생들은 너나 할 것 없이 더 높은 등급을 차지하기 위해 더 비싼 점퍼를 걸치고 싶어 했다. 학생들이 자기 돈으로 이 비싼 점퍼를 살 수 없었기에 부모에게 조를 수밖에 없었고, 부모들은 자식의 성화에 못 이겨 무리한 지출을 했다. 그래서 이 점퍼는 '등골 브레이커' 라는 별명까지 얻었다.

물론 소비를 통한 지위의 과시는 학생들만의 일이 아니다. 명품 의류·명품 구두·명품 시계·명품 가방·명품 지갑… 높은 지위를 나타내는 상품들의 목록은 쭉 이어진다. 명품을 걸친 사람들은 남들보다 우월하다는 생각에 우쭐해지며, 또 주변 사람들은 그들에게 선망의 눈빛을 보낸다. 그러니 이 물건들은 인기리에 팔리게 된다.

고급지위는 반드시 소수만
누릴 수 있어야 하는 것이다

사람들은 이렇게 무엇을 소비하느냐, 얼마나 소비하느냐를 놓고서 남들과 비교하곤 한다. 이는 소비에 사회적 성격이 있음을 말해준다. 다른 사람들과의 관계 속에서 상품을 구입하는 행위를 '사회적 소비'라 부른다. 현대사회에서 소비되는 수많은 재화들은 이러한 사회적 성격을 갖고 있다. 사람들은 사회적 소비를 통해 다른 사람으로부터 인정받고 싶어 한다.[4] 즉 소비를 통해 '나도 네가 쓰는 걸 갖고 싶어' '이런 걸 가진 나를 인정해줘' '이 정도 가진 내게 까불지 마' 등의 메시지를 타인에게 전달한다는 것이다. 중요한 점은 물질적 풍요의 정도가 높아질수록 소비를 통한 다른 사람들과의 교류가 커진다는 사실이다. 그리고 이런 사회적 소비는 '차등적 소비'의 성격을 띠는 경우가 많다. 상품이 자신을 대변한다고 믿으며, 소유한 상품을 통해 타인과 자신을 구분 짓는 것이다. 어떤 상품을 걸쳤는지에 따라 사람을 차별하는 경우가 많은 우리 사회를 생각해보라.

고급 백화점에서 추레하게 입고 있는 사람은 그리 성의 있는 대접을 받지 못한다. 고급 레스토랑에서도 허름해 보이는 사람은 그리 반가운 손님이 아니다. 꼭 '고급'이라는 글자가 붙지 않은 곳도 비슷하다. 잘 차려입고 간다면 거의 모든 곳에서 깍듯한 대접을 받는 경우가 많다. 많은 사람들이 공인중개사무소·관공서·헬스클럽 등에서 이러한 경험을 했을 것이고, 덜 차려입고 나선 경우엔 푸대접에 서러웠던 기억도 있을 게다.

여기서 한 가지 짚고 넘어가야 할 것이 있다. 모든 소비가 이렇게 등급으로 차등화되지는 않는다는 점이다. 소비부문에서의 차등화 욕망은 특히 다른 사람들과의 상호작용을 매개하는 상품일수록 강하게 나타나는 경향이 있다. 또한 차등화의 욕망은 상품의 소비가 지위의 높낮이를 결정하는 사회에서 더욱 커진다. 사회적 소비라고 해서, 모두 남들과 경쟁하는 유형만 있는 건 아니란 얘기다. '착하게 소비하자!'는 주장 또한 사회적 소비의 대표적인 예가 될 수 있다. 이른바 '착한 소비'에는 공정무역 제품이나 로컬 푸드 등을 구매하는 '생산자를 배려하는 소비' 등이 포함된다. 또한 에너지를 절약하는 상품이나 유기농 제품을 구매하는 친환경적 소비가 포함될 수 있다. 이러한 소비는 공생을 강조한 것으로서 '비경쟁적 소비'의 성격을 가진다. 타인의 관심을 끌기 위한 소비, 타인의 기를 죽이기 위한 소비, 타인과 친교의 시간을 갖기 위한 소비 등은 모두 사회적 성격을 갖고 있다. 모두가 타인과의 관계를 고려하는 소비행위라는 뜻이다.

다른 사람들의 관계 속에서 소비되지 않는 상품들도 있다. 대부분 절대적 욕구 충족을 위한 것이다. 추위에 떨고 있는 사람이 느끼는 옷에 대한 욕구는 다른 사람들이 입고 있는 옷과는 무관하다. 또한 사흘 동안 굶주린 사람이 먹는 식사도 다른 이들이 먹는 음식과 상관없이 만족을 줄 수 있다. 이러한 소비행위는 외부의 환경적 조건에 영향을 받지 않는다. 그래서 절대적 욕구 충족을 위한 소비를 '개인적 소비'라고 부른다. 물론 개인적 소비와 사회적 소비를 일일이 구별하는 건 쉽지 않은 일이다. 똑같은 식사와 의류라도 사회적 소비일 때가 있고, 개인적 소비일 때도 있기 때문이다.

확실한 것은, 지위에 따른 보상과 대접이 확연히 차이 나는 사회일수록 소비를 통한 지위경쟁도 활발하다는 사실이다. 1등이나 2등이나 3등이나 사회적 위상이 그리 차이 나지 않는 사회라면 사람들은 굳이 자신의 지위를 과시할 필요는 없다. 그러나 우리 사회는 그렇지 않다. 높은 지위는 큰 자랑거리가 되며, 그에 따라 주변 사람들도 대접을 해준다. 적극적으로 자기 지위를 과시하는 것이 장려되는 상황이다. 그리고 자신이 잘 나가는 사람이라는 걸 세상에 알리기 위해서는 남들보다 더 비싸고 귀한 물건을 소비해야 한다.

부르디외는 『구별짓기La Distinction』(1979)라는 책에서 상품의 소비에는 차등화된 계층이 뚜렷하게 반영되어 있다고 말했다. 부르디외가 구분한 계층에는 '상·중·하'의 구분이 있다. 고저高低의 위계가 분명하다는 뜻이다. 이 위계는 소비의 절대량만으로 결정되진 않는다. 부르디외가 말하는 상류계층은 상품을 많이 소비하는 자들이 아닌, 다른 계층에서 따라올 수 없는 소비를 하는 자들이다. 이들은 다른 계층의 사람들이 하지 못하는 스포츠를 선호하고, 다른 계층이 맛보지 못한 음식을 먹는다. 그리고 자신과 비슷한 계층 이외의 사람들이 접근하지 못하는 고립된 지역에 모여 산다. 부르디외가 말하는 이런 구별짓기는 일종의 '차별짓기', 더 나아가 우리가 논의하고 있는 '차등짓기'와 유사한 맥락으로 볼 수 있다.

상류계층이 하위계층을 따돌리는 방법은 간단하다. 하위계층이 할 수 없는 소비를 하는 것이다. 원하는 족족 가질 수 있는 제품은 명품이 아니다. 상류계층은 아무나 가질 수 없는 상품을 원한다. 이런 상품들이 그들의 지위를 드러내기 때문이다. 이들은 요트를 즐기고, 캐비어를 먹으며, 아프리카 사파리 여행을 가고, 한 병에 수백만 원씩 하는 와인을 즐긴다. 또한 상류계층은 골프·스키·승마와 같은 고급 스포츠를 즐기는 경향이 있는데, 이러

한 스포츠는 장비 마련과 연습에 큰돈이 들어간다. 부자가 아니고서는 즐기기 힘들다는 말이다.

그런데 이런 고급 소비의 종류는 정해져 있는 게 아니다. 요트·캐비어·사파리 여행·와인 등이 대중화된다면 상류계층은 곧 이에 대한 선호를 줄일 것이다. 이를테면 요트가 자동차를 조립하는 생산라인에서 대량생산되고, 철갑상어가 대량으로 양식되어 캐비어를 뽑아내고, 대규모 사파리 관광지가 개발된다고 하자. 그래서 많은 사람들이 요트를 타고 캐비어를 먹고 사파리를 즐기는 순간, 그것들은 더 이상 고급지위를 나타내지 못한다. 오늘날 컬러텔레비전이나 자동차가 수십 년 전과 달리 높은 지위를 나타내지 못하는 것처럼 말이다. 그러면 상류계층은 또 다른 희

귀한 상품으로 관심을 돌릴 것이다. 그래야 자신들의 높은 지위를 나타낼 수 있으며, 그것이 그들이 비싼 상품을 소비하는 중요한 이유이기 때문이다.

소비와 지위의
과시

이는 미국 경제학자 소스타인 베블런Thorstein Veblen이 설명한 과시적 소비conspicuous consumption라는 개념과도 맥이 닿는다. 베블런은 19세기 말에 일하지 않고 놀고먹는 유한계급leisure class[5]들의 사치스러운 파티나 장신구를 보면서, 이런 사람들의 소비행위 중 상당 부분이 남에게 보이기 위한 것임을 알아챘다. 그리고 이를 '과시적 소비'라 불렀다.[6]

베블런은 『유한계급론The Theory of Leisure Class』(1899)에서 '합리적 개인rational individuals들은 남에게 영향을 받지 않고 독립적으로 소비활동을 한다'는 고전경제학의 가정을 비판하면서, 실제 개인의 소비는 다른 사람과의 관계를 살펴가면서 이루어진다고 역설했다. 어떤 물건을 쓸지에 대한 결정은 '남의 눈'을 의식하며 이루어짐을 강조한 것이다. 베블런이 말하는 과시적 소비는 일종의 지위재에 대한 소비이다. 전통적인 경제학에서 말하는 소비는 '경제적 교환가치가 사용가치로 전환됨'을 의미[7]하는 데 반해, 베블런은 소비행위를 남에게 '자랑질'하기 위한 것으로 간주했다.

남들에게 없는 물건을 자신이 가졌다는 건 그만큼 남들보다 더 부자라는 증표로 간주할 수 있다. 베블런이 보기에는 이것이야말로 부자들이 별 쓸모도 없는 값비싼 제품을 사는 이유였다. 오늘날 사람들은 더 많은 지위재의 획득이 행복으로 가는 지름길이라 믿는다. 보다 정확하게는 그런 구매를 할 수 있는 존재가 되고 싶어 한다. 어느 신용카드 회사의 '부자 되세요!'라는 광고문구를 기억하시는지. 이 광고가 일반인들에게 큰 울림이 있었는지, 오랫동안 사회 곳곳에서는 '부자 되라'는 격려가 넘쳐났다. 생일이나 신년을 축하하는 카드에서도, 핸드폰으로 전달되는 각종 메시지에서도 부자가 되라고 서로 덕담을 주고받았다.

아마도 '부자 되세요!'는 '행복하세요!'의 다른 표현일 게다. 우리가 행복해질 수 있는 방법들은 수도 없이 많다. 신체적 건강, 가정의 화목, 친구와의 우정, 좋은 사람들과의 만남, 여가를 누릴 여유, 자녀의 성공 등이 그 예가 될 것이다. 하지만 사람들은 행복으로 가는 여러 가지 방법 중에 '부자 되기'를 콕 집어 선택했다. 우리 사회에서 '남들의 눈에 띄는 소비를 할 만큼 부자가 되는 것'은 남녀노소와 빈부귀천을 떠나 행복해지기 위한 최선의 수단이 되어버렸다.

물론 사람들의 이런 믿음에는 일리가 있다. 우리 사회에서 '부자'로 대변되는 높은 지위의 사람들에게는 많은 것을 할 수 있는 높은 권력이 주어진다. 단순히 값비싼 상품만 많이 살 수 있는 게 아니다. 얼마 전 우리 사회를 시끄럽게 했던 '땅콩 회항' 사건은 높은 지위가 얼마나 강한 힘을 발휘하는지 똑똑히 보여줬다.

항공사 회장님 딸은 자신에게 땅콩을 봉지째로 준 것이 서비스 매뉴얼에 맞지 않다는 이유로 사무장을 무릎 꿇리고, 심지어 이륙중이던 비행기를 돌려 강제로 내리게까지 했다. 재벌 2세라는 지위는 타인의 자존을 그렇게 쉽게 무너뜨릴 수 있는 힘을 가진 것이다. 사람들은 땅콩 회항이 수많은 갑질 중에 밝혀진 일부에 지나지 않는다고 믿고 있다. 이 사건이 있은 지 두 달 뒤, 호텔 재벌 상속녀로 유명한 패리스 힐튼Paris Hilton의 동생은 런던에서 LA로 향하는 비행기 내에서 땅콩 회항 주인공 못지않은 진상짓을 했다. 그는 승무원들에게 "너네 보스를 잘 알고 있어서 너희들을 5분 내로 해고할 수 있다"며 소리치고 난동을 피우며, 다른 승객들을 하찮은 농부라 비하했다. 다른 이들이 농부라면, 자신은 그들을 부리는 영주라도 된단 말인가?

물론 이 둘의 결말은 좋지 않았다. 땅콩 회항의 주인공은 구속되어 사회적 망신을 당했고, 패리스 힐튼의 동생도 법정을 오가는 신세가 되었다. 하지만 이런 종류의 갑질은 이 사회 곳곳에서 계속되고 있고, 앞으로도 멈추지 않을 것이다.

이처럼 자본주의 사회에서는 개인의 부가 지위를 나타내는 경우가 많다. 그리고 지위가 높은 사람은 인격·지능·성품 등도 뛰어날 것이라고 지레짐작되기도 한다. 상류층들의 대표적인 사교클럽인 서울클럽 회원권은 단지 시장에서 거래되는 상품일 뿐이다. 하지만 사람들은 서울클럽 회원들에게 남들이 가지지 못한 품격과 지력智力을 기대한다. 고급 와인도 마찬가지다. 고급 와인을 즐기는 사람들에게는 특별한 문화적 소양과 고상함이 있을 것이라 예상한다. 하지만 우리 모두가 알다시피, 상품 자체에 사람들의 지능을 높이거나 문화적 품격을 심어주는 기능은 없다. 값비싼 상품은 높은 지위와 낮은 지위를 구분시키며, 사람들은 그저 범접하지 못하는 높은 지위에 있는 이들에게 그런 환상을 품는 것이다. 그럼에도 사람들은 상품 자체에 어떤 영험한 힘이 있다고 착각하곤 한다. 이런 물신物神은 이 상품을 가진 자와 못 가진 자의 차이 속에서 자신의 힘을 과시한다. 물신은 사회적 차별이 만들어낸 환상이다. 그래서 사람들 사이의 차별이 없어지면 물신은 사라진다.

물신은 마법을 부리는 영험靈驗이 있다. 에르메스 가방은 그냥 좋은 가죽으로 잘 만든 가방이다. 5만 원짜리 가방과 5000만 원짜리 가방의 사용가치는 별 차이가 없다. 에르메스 가방이나 남대문표 가방이나 책 네다섯 권이면 꽉 차니 실용성은 별반 다르지 않다는 뜻이다. 하지만 에르메스 가방은 많은 여성들을 빛나게 하는 영험한 물건이 된다. 대한민국 최상위 1%만 가질 수 있는 백화점 VIP회원권은 이를 가진 사람들을 유능하고 지적인 사람으로 만든다. 1억 원에 달하는 헬스클럽 회원권은 회원들을 지덕체를 모두 갖춘 인간으로 보이게 한다.

물신은 누구나 갖지 못하는 상품에 '승자의 것'라는 주문을 읊는다. 물론 주문의 궁극적 메시지는 '지위'에 관한 것이다. 그리고 그 지위로 인해 '박식한 사람' '이슬만 먹고 살 것 같은 여자' '방구도 끼지 않을 것 같은 남자' '너무 가진 게 많아 모든 걸 포용할 것 같은 인간'의 이미지가 만들어진다.

소비자본주의 사회에서는 상품이 사람들 간의 지위관계를 결정한다. 사람들은 어깨에 에르메스 핸드백을 든 사람이 베르사체나 프라다를 든 사람보다 고상하다고 느낀다. 또한 프라다를 든 사람은 페레가모나 버버리를 든 사람보다 조금 더 우월하고 생각하는 동시에, 코치를 든 사람보다는 훨씬 낫다고 평가한다. 또한 외제차가 국산차보다, 그랜저가 소나타보다 운전자의 품위를 더 격상시킨다고 생각한다. 주택은 말할 것도 없다. 강남의 타워팰리스는 콘크리트 건물 이상의 의미를 갖고 살아 움직이며 그런 공간에 살지 않는 사람들을 얕잡아보게 만든다.

소비로 나타나는
지위 상승의 욕망

사람들은 다른 이들이 쉽게 사지 못하는 고가품을 소비함으로써 자신의 우월적 지위를 확인하려 한다. 그런데 상대적으로 낮은 지위에 있는 사람이 무리해서 고가품을 사는 일도 벌어진다. 높은 지위를 획득하고서 그것을 증명하기 위해 고가품을 소비하는 게 아니라, 고가 제품을 소비함으로써 높은 지위에 있는 듯한 느낌을 얻고자 하는 것이다. 이런 상징성에 집착하는 사람들은 자신이 소유한 물건의 가격에 비례해 대접받기를 원한다. 합리적으로는 이해하기 힘든 일이지만, 현실에서는 많은 사람들이 이런 환상을 좇는다.

상품이 어떻게 상징의 기호를 가지는지에 관한 쉬운 예를 보자. 어린이집의 남자아이들에게 장난감 칼을 선물해주면 무슨 일이 일어날지 상상할 수 있으리라. 칼자루를 손에 쥔 아이는 온몸에 힘이 솟으며, 무사가 된 듯 이리저리 칼을 휘두를 것이다. 경찰 배지를 가슴에 찬 어린이들은 자신이 마치 경찰관이나 된 듯이 행동하고, 청진기를 목에 두른 아이는 의사가 된 듯 진찰을 하고 다닌다.

이렇게 자기가 가진 무언가가 자신의 특성을 변화시킬 수 있다는 믿음은 아이들에게만 나타나는 건 아니다. 다 큰 성인들도 자신이 소유하고 있는 상품이 자기가 어떤 사람인지를 규정한다고 믿는다. 주어진 무언가를 소유하고 소비함으로써 자신의 특성이 바뀔 수 있다고 상상하는 것을 이른바 '파노플리 효과Panoplie effect'라, 부르는데 이 효과는 아이와 어른을 가리지 않는다. 단지 성인들의 경우는 아이들보다 조금 더 세련된(?) 형태로 나타날 뿐이다.

예컨대 루이비통 가방은 귀족이 된 느낌을 갖게 하고, 벤츠는 대기업의 중역이 된 듯한 환상에 젖게 할 수 있다. 아이폰을 쓰는 이는 남들보다 혁신적인 사람으로 보이고 싶어 하고, 아름다운 연예인이 쓰는 화장품을 사는 사람은 화장품을 통해 그의 아름다움을 닮을 수 있다고 믿는다. 어른에게서 나타나는 파노플리 효과는, 자신이 닮고 싶은 사람들이 소비하는 상품을 소유함으로써 자신과 그들을 동일시하려는 욕망과 관계된다. 물론 이 욕망은 대부분 위쪽을 지향한다. 자신의 지위보다 높은 사람이 사용하는 상품을 갖춤으로써 그런 유의 사람이 되고자 하는 것이다.

지위격차의 사다리를 오르려는 인간의 바람은 엉뚱한 행동으로 나타나기도 한다. 자기 연봉으로 감당키 힘든 고급 자동차를 사고, 엄청난 대출을 해서라도 고급 주택가에 거주하고, 밥값을 아껴가며 모은 돈으로 명품 가방을 들고 다니는 풍경은 상류를 지향하는 인간의 욕망을 담고 있다. 그들이 실제로 원하는 건 엄밀하게 말하면 명품이나 고급 자동차가 아니라, '남보다 많은 부' '남보다 큰 명예' '남보다 큰 권력'이라 할 수 있다. 그리고 남보다 앞서는 그런 지위를 얻지 못한 사람도, 비슷한 수준의 소비를 쫓아 함으로써 소비에서의 지위경쟁에 동참하고 있는 것이다. 우스꽝스러운 비극이다.

하지만 소비에서도 지위경쟁의 승자는 그 수가 한정돼 있다. 모두가 사용하는 고급품은 더 이상 고급이 아니다. 한때 고가품으로 취급되었던 나이키·아디다스·프로스펙스 신발은 더 이상 부유함의 상징이 아니다. 이제는 더 비싼 신발을 신고 다녀야 다른 사람의 시선을 잡을 수 있다. 모두가 샤넬 가방을 들고 다닌다면, 그보다 더 비싼 가방을 들어야 남보다 앞서나갈 수 있다. 모두 외제차를 타고 다닌다면 더 비싼 외제차를 타야 대접받을 수 있다. 결국 소비에서의 지위경쟁에 끝은 없다. 모두가 남들보다 한 발이라도 더 앞서가려고 자신을 계속 채찍질할 뿐이다.

나는 소비한다, 고로 존재한다

소비의 계층 사다리

조작되고
만들어지는 욕망

소비에서의 지위경쟁은 어떤 문제를 일으킬까? 노동에서의 지위
경쟁이 우리를 과로로 이끄는 것처럼 소비에서의 지위경쟁은 우
리에게 과소비와 채워지지 않는 공허한 욕망을 남긴다. 분에 넘
치는 무리한 소비엔 경제적인 어려움까지 따를 수 있다.

사람들은 노동과 다르게 소비는 자신이 원하는 대로 하는 것
이라고 생각하곤 한다. 그러나 사실 지위경쟁사회에서 사람들은
자신이 원하는 대로 소비하지 못한다. 우리의 소비욕망은 조작당
하기 쉽고, 주변과의 비교로 자극받으며 부풀려진다.

먼저, 과연 소비자들은 자신이 원하는 게 무엇인지를 잘 알고
있을까? 다음의 얘기를 들어보자.

1929년 전세계를 공포로 몰아넣었던 대공황이 발생될 즈음
미국 도시의 길거리는 자동차로 북적이고 각 가정에는 전기·세
탁기·냉장고·토스터 등이 빠르게 보급되었다. 당시의 미국은 물
질적 풍요가 매우 빠르게 확산되고, 소비자의 기본적 욕구가 유
례없이 충족되던 시기였다. 하지만 산업자본가들은 미래에 대해
매우 불안해했다. 소비자들의 실제 필요보다 몇 배나 빠른 속도
로 상품들이 시장으로 찍혀 나갔기 때문이다. 당시 노동부장관이
었던 제임스 데이비스James Davis는 한 잡지회사와의 인터뷰에서
다음과 같이 말했다고 한다.

섬유공장들은 6개월 만에 1년치의 옷들을 생산해낼 수 있습니다. 또한 신발공장의 14%가 1년치의 필요한 신발들을 만들어낼 수 있습니다. 아마도 사람들의 소비욕구는 일주일에 3일만 일해도 모두 충족되는 시기가 곧 올 겁니다.[8]

당시 제너럴모터스 연구소의 소장이었던 찰스 케터링Charles Kettering은 1929년 한 잡지사에 「소비자를 만족한 상태로 놔두지 말라Keep the Consumer Dissatisfied」라는 제목의 기사를 썼다. 이 기사는 다음과 같이 끝을 맺고 있다.

만일 모든 사람들이 자신이 가진 것에 만족한다면, 새로운 물건을 사는 일은 없을 겁니다. 광물이 채취되지 않을 것이고, 목재를 베는 일도 없어질 겁니다. 그러면 우리에게는 힘든 시기가 올 것입니다. 우리가 합리적인 불만족reasonable dissatisfaction을 통해 새로운 물건을 사지 않으면 어려운 시기를 맞이하게 될 것입니다. 선택은 당신에게 달렸습니다.[9]

이처럼 기계가 사람들이 필요로 하는 것을 초과해 생산하는 상황은 생산자들에게 위기의식을 심어주었다. 공장에서 만들어낸 물건이 팔리지 않아 이윤을 낼 수 없을지도 모른다는 두려움. 과거에는 상상도 못한 상황이었다.

자본주의 초창기에는 생산된 제품이 시장에 내놓는 족족 팔려나갔다. 시장에 공급되는 물건들은 물질적 결핍 상태에 있던 당시 사람들에게 사용가치가 매우 컸다. 산업혁명의 과정을 직접 목격했던 경제학자 장 밥티스트 세이Jean Baptiste Say가 '만든 물건은 스스로 팔리게 되어 있다'는 세이의 법칙Say's law을 주장하게 된 데는 이러한 초기 산업자본주의의 상황적 배경이 있다. 그 당시에는 유효수요가 부족한 상태, 즉 공급이 과잉된 상태를 상상할 수 없었던 것이다.

하지만 시간이 갈수록 소비자들이 소화해낼 수 있는 물건보다 훨씬 많은 상품이 시장에 쏟아져나왔다.[10] 1920년대 말의 세계 대공황은 그렇게 시작되었다. 소비력에 비해 공급되는 물건이 너무 많아지는 상황이 발생한 것이다. 대량으로 만들어진 상품들이 주인을 찾지 못하고 쓰레기로 전락하는 사태는 누구도 예상하지 못했다. 이러한 경험을 거치면서 산업자본주의는 서서히 소비자본주의consumption capitalism로 바뀌기 시작한다.

소비자본주의 사회는 '남보다 (더 좋은 것을) 가지지 못한 상태'를 끊임없이 인지시킴으로써 결핍감을 심어왔다. 갤브레이스John Kenneth Galbraith는 『풍요한 사회The Affluent Society』(1958)에서 이미 고도의 풍요 속에 살고 있는 현대인들의 소비욕구가 점점 커져만 가는 현상에 주목했다. 그는 인간의 욕망이 자신 속에서 발현된 것이 아니라, 광고나 마케팅 등 외부적 자극에 의해 부풀려져왔다고 지적했다. 오늘날 생산자는 상품을 만들 뿐만 아니라 소비자의 욕망까지 창조하기도 한다.[11]

욕망 창조의 가장 좋은 예는 애플사의 회장이었던 스티브 잡스가 1998년 5월 『비즈니스위크Business Week』와 했던 인터뷰가 될 듯하다. 그는 인터뷰에서 이렇게 말했다.

대부분의 경우 사람들은 당신이 상품을 보여주기 전까지 자신이 무엇을 원하는지 모르고 있습니다.

그렇다. 이제 생산자는 상품을 생산할 뿐만 아니라, 소비자 자신도 모르고 있었던 욕망까지 만들어내고 있다. 생산자는 소비자에게 '무엇이 부족한지' 그리고 '무엇이 더 채워져야 하는지'를 끊임없이 설명한다. 채워져야 하는 결핍은 생리적 욕구가 아니다. 자본가들은 다른 사람들과의 비교를 통해 더 세련된 것, 더 젊은 것, 더 기술지향적인 것을 갖는 게 높은 지위로 가는 지름길이라 포장한다. 더 많은 소비를 통해 충족되는 것은 더 높은 지위를 향한 욕망이다.

소비 욕망의
두 가지 특징

지위경쟁사회의 소비에는 두 가지 특징이 있다. 먼저 그 욕망이 상방上方을 지향한다는 점이다. 내가 얼마나 돈을 버느냐보다 남들보다 얼마나 더 버는지가 중요한 것처럼, 내가 얼마나 많이 가지고 있느냐보다 다른 사람의 것보다 특별한 무엇을 더 가지고 있는지가 중요하다. 둘째로, 소비는 먼 동네 사람들이 아닌 자신의 주변에 있는 사람들로부터 더 큰 영향을 받는다는 점이다. 이 또한 소득에서 대기업 CEO들의 엄청난 연봉보다 함께 일하는 직장동료의 월급 인상에 더 민감하게 반응하는 것과 마찬가지다.

먼저, 상방지향upward-looking 현상부터 살펴보자. 이는 자신보다 더 소비수준이 높은 사람들만 눈에 들어오는 현상이다. 일찍이 경제학자 듀젠베리James Duesenberry는 개인의 소비행동이 주변 사람들의 소비수준에 영향 받는다고 주장했다.(다른 사람들이 얼마나 쓰는지를 관찰해가며 자신의 소비수준을 결정한다는 의미에서 이를 '전시효과'라 부른다.)[12] 간단히 말해, 주변사람들이 많이 쓰면 나도 많이 쓰고, 주변 사람들이 적게 쓰면 나도 적게 쓴다는 것이다.

듀젠베리는 '타인의 소비'를 효용(경제학에서 얘기하는 효용은 행복의 개념에 가깝다)을 설명하는 하나의 변수로 포함시켰다. 어떤 이의 소비가 다른 이의 마음을 아프게 하거나 기쁘게 할 수 있음을, 즉 소비에도 외부효과가 있음을 경제학이 고려해야 한다고 주장한 것이다. 그의 직관은 여기서 멈추지 않았다. 그는 소비의 외부효과를 자신보다 더 높은 소비수준을 가진 사람과의 비교(상방비교)와 자신보다 더 낮은 소비수준을 가진 사람과의 비교(하방비교)로 구분했다. 그리고 상방비교가 하방비교보다 영향력이 크다고 주장했다.

듀젠베리의 얘기를 보다 쉽게 말하면, 사돈이 땅을 사면 배가 아프지만 사돈이 망해서 땅을 판다고 해서 크게 즐거워지진 않는다는 것이다. 남이 망한다고 즐거워할 정도의 놀부 심보를 가진 사람이 많지는 않은 것이다.

두번째 특징은 상방을 지향한다고 해서 사람들이 항상 계층 사다리의 꼭대기에 있는 사람들을 닮으려 노력하는 건 아니라는 것이다. 일반적으로 사람들은 일상에서 친밀한 접촉을 하는 사람들과 자신을 비교한다. 즉 친구, 직장 동료, 계모임의 계원 등과 같은 이들 말이다. 미국에는 '존스 씨네 따라하기Keeping up with the Joneses'라는 말이 있다. 아서 모맨드Arthur Momand라는 작가가 1913년부터 26년간 한 신문사에 연재한 만화 제목에서 나온 말인데, '이웃에 뒤지고 싶지 않은 심리'를 꼬집을 때 사용된다. 이 만화의 소재는 옆집 '존스 씨 부부'다. 그런데 만화의 애독자들조차 이 부부가 어떤 사람들인지 모른다. 정작 존스 씨 부부는 만화에 등장한 적이 없기 때문이다. 만화는 존스 씨네를 계속 의식하며 자극받는 옆집 사람들의 이야기를 그리고 있다. 이렇게 이웃을 따라하며 살아가는 모습은 우리에게도 익숙하다. 특별한 이유는 없다. 옆집 사람만큼은 하면서 살아야 할 것 같은 마음이 들기 때문이다.

소비욕에 불을 지피는 사람들은 아주 많이 가진 자들이 아닌 '나보다 조금 더 가진 사람들'이다. 그리고 이런 사람들은 주변에서 쉽게 접하고 만나기 마련이다. 사람들은 자신이 잘 알지 못하거나 전혀 다른 부류의 사람들을 비교의 대상으로 삼지 않는다. 보통 사람들은 삼성전자 이건희 회장이나 현대자동차 정몽구 회장의 재산에 시기심을 느끼지 않는다. 회사원들은 공무원들의 급여 인상보다 함께 일하는 동료의 연봉 인상에 더욱 마음 아파한다. 제치고 싶은 상대는 언제나 자기 바로 앞에 있는 누군가다.

문화인류학자 그랜트 맥크랙킨Grant David McCracken은 『문화와 소비Culture and Consumption』(1988)[13]에서 사회적으로 나타나는 소비는 '뒤처진 자들의 끊임없는 추격'이 주된 양상이라 강조한다. 그는 실제로 계층의 아래쪽에서 더욱 적극적인 모방행위가 일어남을 지적했다. 그리고 이러한 모방에 대응해 위쪽에 있는 사람들이 달아난다고 말했다. 그는 소비의 전염에는 '쫓기와 달아나기chase and flight' 패턴이 지배적이라고 주장했다. 달아나기 때문에 쫓는 게 아니라, 쫓기 때문에 달아나는 거란 의미이다.

쫓아가기가 계층 사다리의 아래쪽에서만 나타나는 현상은 아니다. 부유한 명품 소비층도 자기 앞의 사람을 쫓아가기 위해 많은 힘을 쏟는다. 코치 가방을 메는 사람들은 그보다 조금 더 비싼 샤넬이나 루이비통을 메는 사람들의 소비에 민감하게 반응한다.

쫓아가기 위한 노력은 달아나기의 형태가 되기도 한다. 에르메스 신상품을 쫓는 자는 다른 자에게 쫓긴다. 그리고 그 다른 자는 또 다른 이에게 쫓긴다. 이런 꼬리물기의 행렬이 끝도 없이 이어진다. 꼬리물기를 통한 소비 전염은 아주 천천히 그리고 은근한 형태로 이루어진다. 국내의 한 언론기관의 분석[14]에 따르면,

서울 강남의 청담동에 소개된 명품브랜드가 강북의 백화점에 입점하기까지는 6개월 정도가 걸린다고 한다. 시간당 이동거리를 계산하면 약 1.57m가 된다. 하루에 38m, 한 달에 1km를 스멀스멀 이동하는 셈이다. 지방으로의 전염 속도는 이보다 빠르다. 강남 갤러리아백화점에서 인기를 끈 명품브랜드가 부산의 현대백화점에 들어가기까지 약 1년이 걸리는데, 이를 시속으로 환산하면 약 $36.5m/h$, 하루에 $1km$ 조금 못 미치는 거리를 이동하는 꼴이 된다. 물론 강북의 백화점이 강남을 모방하는 순간, 강남의 백화점은 또 다른 유행을 만들어낸다. 부산의 백화점에 명품브랜드가 소개되는 순간엔 서울의 강남과 강북은 또 다른 유행으로 물들어 있다.

최상위 재벌 계층부터 준재벌·연예인·중산층 주부·유명 강사·변호사·의사·디자이너 등 촘촘히 쌓인 계층들이 유행의 전파에 기여한다. 사람들은 자신보다 약간 더 돈이 많은 사람들을 접하며 부러워한다. 이런 사람들의 뒤에는 이들의 소비를 부러워하며 모방하고자 하는 또 다른 무리의 사람들이 있고, 이 무리의 뒤에도 이들을 부러워하는 또 다른 사람들이 있다. 소비력의 전염은 이렇게 아래쪽으로 한 단계씩, 그리고 천천히 진행된다. 마치 계단 형태로 흘러내리는 폭포처럼 말이다.

쫓고 달아나기의
낭비적 경쟁

앞사람을 쫓아가고 뒷사람에게서 달아나는 지위경쟁은 끝없이 계속된다. 쫓는 게 먼저인지 달아나는 게 먼저인지는 중요치 않다. 닭이 먼저냐 달걀이 먼저냐가 중요치 않은 것처럼 말이다. 지위경쟁사회에서 위쪽에 있는 사람에게는 큰 보상이, 아래쪽에 있는 사람들에게는 가혹한 벌칙이 주어진다. 이런 구조에서는 누구나 뒤로 처지지 않기 위해 달릴 수밖에 없다. 내가 발을 멈추면 순식간에 꼴찌로 뒤처진다. 제자리만 지키려 해도 계속 달려야 한다. 『거울 나라의 앨리스』에 나오는 레드퀸의 세상처럼 말이다.

소비의 경쟁에서 앞사람을 쫓아가는 사람은 보다 높은 지위, 즉 계층상승을 지향하는 자들이다. 그리고 이들은 '다른 사람의 소비에 마음이 아픈 자들' '채워져야 하는 결핍을 가진 자들'이다. 하지만 안타깝게도 이들의 결핍은 채워질 수가 없다. 앞서가는 자 또한 그 자리에 머물러 있지 않기 때문이다. 그리고 앞서가는 자는 쫓는 자보다 더 빨리 도망갈 수 있는 소비력을 가진 '능력자'들이기 때문이다. 상황이 그렇다고 해서 더 높은 곳으로 오르려는 노력을 포기할 수는 없다. 위쪽으로 움직이려는 노력을 멈춘다면 소비 계층의 사다리에서 순식간에 뒤로 밀려버리기 때문이다.

이러한 소비 경쟁은 '소비의 양'을 늘리는 역할을 했다. 물론 소비 증가는 생산을 활성화하고, 경제성장을 이끄는 기능을 한다. 앞에서 설명한 것처럼 상대평가를 통한 경쟁은 일정 수준까지는 사회를 발전시키는 역할을 하지만, 지위경쟁의 단계에 이르면 낭비적인 부분이 더 커지며 더 이상 사람들의 행복에 기여하지 못한다. 소비에서도 그렇다.

전세계 모든 나라들을 대상으로 소비와 행복 간의 관계를 살펴보면 한 가지 분명한 사실이 나타난다. 그건 '많이 소비하는 나라 국민들이 더 행복하다'는 사실이다.[15] 엄청나게 많은 연구들이 증명한 만큼 이건 누구도 부인하지 못하는 사실로 남아 있다. 하지만 미국 서던캘리포니아대학교의 경제학자 리처드 이스털린Richard Easterlin 교수는 돈이 많을수록 행복감이 증가하는 경향은 있으나, 일정 수준 이상에서는 더 많은 돈이 더 높은 행복감으로 이어지지 않는다고 주장했다.[16] 사람들은 이를 '이스털린의 역설Easterlin Paradox'이라고 부른다.

　　가난한 나라에서의 경제발전은 국민들의 행복을 빠르게 증진시켰다. 못 먹고 못 입던 괴로운 상황을 탈피한 것이니 당연한 일이다. 하지만 경제적 수준이 높은 선진국에서의 사정은 달랐다. 행복 연구의 대가인 루트 빈호벤Rutt Veenhoven은 산업화 단계를 지난 나라들에서는 소득에 따른 행복감의 증가가 둔화된다고 지적했다.[17] 이는 다른 연구에서도 검증되었다.[18] 우리나라에서도 마찬가지이다. 한국개발연구원KDI의 보고서[19]는, 1982년부터 2005년까지 우리나라의 1인당 국민소득이 8배가량 늘었지만, 행복하다고 답한 비율은 크게 변하지 않았음을 보여준다.

　　더 벌어서 더 쓰는데 어째서 행복감은 커지지 않는 걸까? 이 현상은 현대 경제학으로는 설명되지 않는다. 이 현상을 설명하는 가장 명쾌한 답변은 150년 전의 경제학자 존 스튜어트 밀에게서 얻을 수 있다.

사람들은 단순히 부자가 되기를 바라는 것은 아니고, 다른 사람보다 부자가 되기를 바라는 것이다.[20]

가난한 나라에서의 소비는 절대적 개념이 강하다. 가난한 사람들은 다른 사람들의 소비수준에 크게 신경 쓰지 않는다. 아니 보다 엄밀히 말하면 신경 쓸 여력이 없다. 그래서 이들의 행복감은 버는 만큼, 그리고 쓰는 만큼 증가한다. 반면에 부자 나라에서의 소비는 상대적인 개념이 강하다. 아무리 좋은 물건을 많이 가져도 다른 사람이 더 가지고 있다면, 덜 가진 만큼 불행해지는 것이다. 마찬가지로 아무리 비싼 물건을 많이 사도 다른 사람이 더 비싼 걸 가지고 있다면, 딱 그 차이만큼 불행해진다.

과거 수십 년간 국민들의 행복이 크게 변하지 않은 것에 주목한 학자들의 결론을 요약하면 다음과 같다. '기본적인 물질적 욕구를 충족시키기까지 행복은 빠른 속도로 증가한다. 하지만 기본적인 것을 충족시킨 다음에는, 더 많은 물질을 취한다고 해서 더 행복감이 증진되는 것은 아니다. 어느 정도의 물질이 확보된 상태에서는 사회적 영역이 더욱 중요하다. 주변지역의 공동체는 어떠한지, 다른 사람들과 따뜻한 관계맺음을 하고 있는지, 가족과 많은 시간을 보내고 있는지, 충분한 휴식을 취하고 있는지, 직장생활은 안정적인지 등이다.'

하지만 많은 사람들은 이러한 학자들의 견해와는 정반대로 행동하고 있다. 사람들은 '더 많은 물질적 풍요'가 행복감의 원천

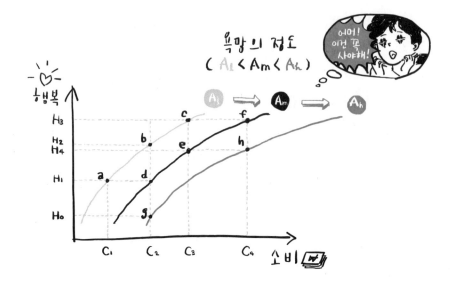

이라고 생각한다. 그래서 행복해지기 위해 더 많이 소비하려고 경쟁하지만, 결과는 계속 부풀어지는 욕망으로 귀결될 뿐이다.

위의 그림[20]은 우리가 왜 더 행복해지지도 못하면서 소비에 집착하는지를 설명해준다. 이 그림은 우리의 욕망(기대)수준이 점차 증가하는 상황($A_l \rightarrow A_m \rightarrow A_h$)을 보여주고 있다. 먼저, 어떤 사회가 곡선 A_l의 욕망수준을 가지고 있다고 가정하자. 이 사회에서 C_1정도 소비하는 사람들의 행복수준은 H_1(점 a)만큼이다. 또한 C_2만큼 소비하는 사람들은 H_2(점 b)만큼, C_3정도 소비하는 사람들은 H_3(점 c)만큼 행복하다고 할 수 있다.

이제 욕망수준이 점차 높아지는 상황을 고려해보자. 사람들의 욕망수준은 타인의 소비수준에 맞춰가게 되는데, 이는 그림에서

곡선이 오른쪽으로 이동하는 것과 같다. 욕망수준이 Al에서 Am으로 이동한 경우, 예전에는 C2의 소비수준으로도 H2(점 b)만큼 행복할 수 있었는데, 이제는 그보다 적은 H1(점 d)만큼만 행복하게 된다. 기대수준이 오른쪽으로 더 이동한 Ah의 경우, C2의 소비수준은 H0(점 g)만큼만의 행복만을 준다.

그럼 왜 기대수준이 Al → Am → Ah로 자꾸 이동하는 것일까? 그건 지위경쟁의 결과로 사회의 전반적인 소비가 증가하기 때문이다. 소비경쟁이 치열하게 이루어지는 사회일수록 기대수준 곡선도 빠르게 오른쪽으로 이동한다. 그러니 더 행복해지지는 못하더라도 최소한 더 불행해지지 않기 위해서 더 많은 소비를 해야 한다.

소비와 소유를 통한
자기규정이 헛된 이유

사람들은 다 사용하지도 못할 양의 상품을 생산해왔고, 쏟아져 나오는 상품의 소비를 통해 행복하려 했다. 하지만 이런 시도는 실패했다. 많이 생산해서 소비량이 늘었고, 다 쓰지 못해 버리는 상품까지 넘쳐나지만 우리는 별로 행복해지지 못했다. 물론 경제는 엄청나게 성장했다. 그 뒤에는 다 채워지지 않은 욕망과 오염된 환경이 남았다.

지위경쟁사회는 사람들의 격차를 강조하며, 남들보다 더 앞서 가야 행복할 수 있다고 강조한다. 그러고는 서로 더 치열히 경쟁하고 밟고 올라서도록 자극한다. 소비에서도 남보다 더 많이, 남들이 부러워할 만한 것을 가져야 행복할 수 있다고 자극한다. 물론 개인적인 관점에서는 남보다 더 좋고 비싼 걸 갖는 게 행복으로 가는 길일 수 있다. 하지만 소비 또한 상대평가가 되는 상황에서는 소비를 통해 한 사람의 행복이 증진되는 것만큼 다른 사람의 행복은 감소하게 되어, 사회적 관점에서 행복의 총량에는 변함이 없다. 소비 경쟁은 한 사람의 소비가 다른 사람에게 부러움이나 질투심을 유발할 때 발생한다. 경쟁으로 인해 모두가 소비를 늘리게 되면, 사람들의 행복의 총합에는 그다지 큰 변화가 없다. 소비의 상대성은 '최대다수의 최대행복'을 달성하지 못하는 원인이 된다.

소비자들은 더 좋은 걸 '소유'하지 못하면 남들에게 존경이나 사랑받지 못할 것이란 불안감을 느낀다. 사회는 불안해하고 있는 이들에게 더 많은 소비가 당신의 지위를 높여줄 것이라고 위안한다. 그리고 돈을 지불하고 산 물건은 누구도 빼앗을 수 없는 당신만의 것이고, 그래서 당신의 가치는 물건과 함께 더욱 커지는 거라고 말한다. 또한 색다른 물건을 사서 특별해 보이는 사람이 되라고 말한다.

이제 사람들은 소비를 통해서 자기 자신의 위치를 증명하고자 한다. '나는 생각한다. 고로 존재한다'라는 경구는 현대에는

'나는 소비한다. 고로 존재한다'로 대체되었다. 르네 데카르트 René Descartes의 '생각하는 인간'이 '소비하는 인간'으로 대체된 것이다.[22] 소비하는 인간은 상품의 소유를 통해서 자신이 존재하고 있음을 확인하고자 한다. 에리히 프롬은 『소유냐 삶이냐To have or to be』에서 소비자들은 '내가 가진 것+내가 소비하는 것＝나의 존재'[23]라는 공식으로 사람들이 소유를 통해 자신을 확인한다고 이미 밝힌 바 있다.

그렇지만 프롬은 소비를 통해 자기 존재를 확인하려 하는 사람들은, 원하는 바를 얻기는커녕 항상 제자리걸음일 것이라 말한다. 이런 사람들은 고급 자동차나 명품 가방이 자신의 가치를 높일 수 있다고 생각한다. 보다 큰 집에 살수록, 보다 재산이 많을수록 보다 품격 있는 사람이 될 것이라 생각한다. 하지만 그들이 소비하는 물건은 도구일 뿐 자신의 일부가 아니다. 다른 사람들로부터 부러움의 시선을 받을 순 있어도 자신의 본질은 변하지 않는다.

사람들은 더 많고, 더 좋고, 더 특별한 물건을 획득하고, 이를 통해 자신의 지위를 높이고 싶어 한다. 하지만 다이아몬드 반지가 자신을 남보다 고상하게 만들어줄 수 있다는 기대는 착각이다. 고급 자동차가 자신을 더욱 품위 있는 인간으로 만들 거라는 믿음도, 큰 집이 화목한 가정을 만들 거라는 생각도 착각이다. 물건은 물건일 뿐, 물건을 아무리 많이 소유한다고 해서 자신이 달라지는 건 아니다. 아무리 값비싼 물건을 많이 가지고 있어도, 실제로 지위가 올라가지는 않는다. 그저 남들보다 나은 것을 가지고 있다는 만족감을 얻을 뿐이다. 게다가 그것도 잠시, 주변 사람이 자기가 가진 것보다 더 나은 걸 얻는 순간 만족감은 사라지고 열패감이 솟는다. 소비에서의 지위경쟁은 누구에게도 진정한 행복을 주지 못한다. 더 많은 소비와 그 소비를 지탱하기 위한 더 많은 노동만이 점점 사람들을 짓누르게 될 뿐이다.

04

학벌사회에서의
지위경쟁

넘치는 대졸자,
학벌싸움도 지위경쟁!

교육열과
지위경쟁

우리에게도 참으로 헐벗고 굶주리던 시절이 있었다. 일제 식민지 배와 해방, 그리고 한국전쟁의 역사적 굴곡 속에서 아무것도 가지지 못하던 시절이 있었다. 그 당시 우리가 믿고 의지할 건 '사람'밖에 없었다. 잿더미 속에서 빈곤과 가난을 벗어날 수 있는 유일한 희망은 사람뿐이었던 것이다. 파괴된 시설을 재건하고 산업을 다시 일으켜 세워야 했다. 해외 원조 및 교류도 필요했다. 하지만 이를 진행할 만한 능력이 있는 사람들은 많지 않았다. 정부는 고급인력의 양성이 필요하다고 생각했다.

다양한 교육정책이 정부로부터 쏟아져 나왔다. 1959년 초등교육 수준의 의무교육 완성, 1968년 중학교 무시험 추첨 배정, 1974년 고교평준화제도를 도입함으로써 교육의 보편화가 추진되어왔다. 특히 경제가 급성장했던 1960년대와 1970년대에는 '조국의 근대화'라는 슬로건 아래 국가적 인재 양성을 위한 교육의 중요성이 강조됐다. 이러한 정책은 고등학교 교육인구를 증가시켰고, 이에 따라 대학 진학을 위한 교육 수요 또한 증가했다.

여기까진 좋았다. 헐벗고 굶주린 사람들에게 교육이 개안開眼과 성공의 기회를 제공해주었으니 말이다. 물론 정부가 밀어붙인 교육정책에 부작용이 없었던 건 아니다. 국가에 봉사하는 인간으로의 개조, 체제순응적 개인을 양성하기 위한 교육정책에 대한 비판도 만만치 않았다. 하지만 이 시기의 교육이 국가와 개인 모두에게 가뭄 끝 단비였다는 사실을 부인할 순 없다. 개인 발전에 도움이 되는 지식을 갖추도록 했고, 사회문제에 대처하는 역량을 키웠으며, 정치적 발전이 무엇인지를 깨닫게 만들기도 했다. 또한 교육은 인적자원의 양성과 공급을 통해 경제발전에 기여했고, 문화의 형성과 교류에 도움을 줬다. 이러한 '배우기의 힘'을 체감한 국민들은 교육에 더욱 많은 열정을 쏟기 시작한다. 한국 사람들은 어느 영국 철학자가 말한 "아는 것이 힘이다Knowledge is power"라는 문구를 가슴에 새기며 교육 의지를 불살랐다.

모두가 더 배우려 노력했다. 교육이 지력과 경제력을 높이는 확실한 수단이었기 때문이다. 부모들은 못 입고, 못 먹을지라도 자식 교육에만큼은 온갖 정성을 기울였다. 부모가 소 팔아 자식을 대학 보냈다는 '우골탑'의 전설은 그렇게 만들어졌다. 대학을 졸업한 자식은 좋은 직장에 취직하기가 수월했고, 출세할 수도 있었으니 미래를 내다본 투자였다고 할 수도 있다. 그것이 우리의 과거였고, 세계적으로 유명한 한국 교육열의 시작이었다.

이제는 상황이 달라졌다. 1975년만 해도 고졸 이상의 학력을 가진 사람은 전 국민의 13.9%, 대졸 이상은 5.8%에 불과했다. 지금은 99.8%의 중학생이 고등학교에 입학하고, 고교 졸업자의 70% 정도가 대학에 진학한다. 긴 가방끈은 더 이상 교양과 지성을 상징하지도 않는다. 대학졸업장의 희소성이 감소했기 때문에 학력이 경제력을 높이는 수단으로서의 약발도 떨어졌다. 이런 상황에서 사람들은 졸업장의 '사회적 희소성'에 집착한다. 1장에서 언급했듯이 사회적 희소성은 '남이 가지지 못했기 때문에' 발생한다. 배울 만큼 배운 사람들이 아무리 늘어도 사라지지 않는 것, 그건 바로 교육에서의 고급지위이다. 명문고교와 명문대학이라는 희소성은 사회의 전 구성원 모두가 죽을힘을 다해 노력해도 사라지지 않는다. 65만 명의 대입수험생 대다수가 죽을 둥 살 둥 공부에 달라붙어도 가장 높은 지위의 SKY대학에 입학할 수 있는 학생들은 1만 명 내외뿐이다. 만약 수능점수 만점자가 1만 명이 넘는다면, 누군가는 만점을 받고도 탈락하게 된다.

이제 교육을 통해 힘을 기르는 방법은 '높은 지위의 학교로 진학함으로써 얻는 것'이 된다. 모두가 높은 지위를 향해 뛰고 있으니 경쟁은 더욱 치열한 양상으로 진행된다. 높은 지위가 목적인 사람들은 더 이상 교육의 본원적 역할에 대해 고민하지 않는다. 정말로 자신에게 도움이 되는 공부가 아니라 남들을 경쟁에서 이길 수 있는 공부에 열중한다. 그를 위해 필요 이상의 쓸데없는 지식을 쌓으면서, 누구의 가방끈이 더 긴지 악착같이 비교한다.

이게 바로 우리가 처해 있는 교육에서의 지위경쟁 상황이다. 교육열이 태동된 경쟁의 초반에는 '사회적 손실<사회적 이익'이었다. 공부에 대한 열정은 자기 삶의 질을 높이는 계기가 되었을 뿐만 아니라, 정치·사회·경제적으로 성숙하고 풍요로운 사회를 만들었다. 하지만 시간이 지날수록 더 많은 공부는 학생들을 괴로운 상황에 몰아넣었다. 교육이 남들이 인정해주는 높은 지위

를 얻기 위한 수단으로 변질되었기 때문이다. 지위 자체가 목적인 경쟁 상황 속에 몰린 학생들은 공부가 주는 참된 의미와 뜻을 음미할 겨를이 없다. 더욱이 그렇게 공부해서 얻은 지식이 사회에는 도움도 되지 않는다. 천문학적인 사교육비와 시간의 손실을 가져올 뿐이다. 이렇게 학생들의 노력은 낭비적 성격을 띠게 되고 경쟁이 치열해질수록 '사회적 손실＞사회적 이익'인 상황으로 변하게 된다. 우리나라 고등학생들은 평균 5시간 46분의 수면 시간과 2시간의 쉬는 시간을 뺀 전부를 공부에 투자한다. 이들의 70%는 공부에 스트레스를 느끼고 30% 정도가 자살을 생각해보았다고 한다.[1] 자신을 한계상황에 몰아넣은 채 학구열에 불태워지고 있는 것이다.

이런 경쟁적 상황에서 학생들은 배움의 재미를 느끼지 못하고, 창의성을 잃어버렸다. 어쩌면 우리나라에서 세계적 석학을 찾아보기 힘든 것, 학술부문에서 노벨상 수상자가 나오지 않는 것도 이렇게 교육에서 낭비적 경쟁이 벌어지고 있기 때문인지도 모른다.

모두를 불행하게
만든 우리의 교육열

이 시대를 살아가는 우리 아이들은 엄마 뱃속에서 나와 처음 눈을 뜨는 순간부터 치열한 경쟁의 세계로 들어간다. 아직 태어나지도 않은 뱃속 아이 때부터 머리가 좋아진다는 이유로 모차르트 음악에 노출되고, 걸음마도 못 뗀 어린 아이들도 알파벳을 배운다. 심지어 어떤 유아들은 '국제화 시대에 영어는 경쟁력이다!'는 믿음으로 영어만 사용하는 유치원에 보내진다.

초중고생들은 아침부터 늦은 저녁까지 공부만 하는 학습기계로 전락한 지 오래다. 또한 중학생들에게 영재고등학교나 과학고등학교는 성공으로 향하는 첫번째 관문이 되었다. 심지어는 중학생들에게 의대 진학을 위한 준비를 시키는 학원까지 등장한 상태다. 서울 강남에 위치한 이 학원에서는 초등학교 6학년 학생에게 고등학교 1학년 과정의 수학뿐만 아니라 의대 예과과목의 일부를 가르치고 있다고 한다.[2] 이 모든 것이 치열한 경쟁사회를 살아가는 우리 아이들의 모습이다.

이 같은 난리법석이 벌어지는 이유는 학업성취에 대한 평가가 절대적 척도가 아닌 상대적 척도로 가늠되기 때문이다. 우리 사회는 학교의 우수성을 순위로 판단한다. 이제 좋은 학교의 기준은 '다른 학교보다 순위가 높은 학교'이다. 전국의 모든 학교는 학업성취도란 이름으로 1등부터 꼴찌까지 줄 세워져 있다. 온갖 미디어에서는 대학 입시가 끝난 후 어느 고등학교가 명문대를 많이 보냈는지를 순위표로 만들어 발표한다. 그래서 학생들은 자신이 몇 등짜리 학교에 다니는지를 잘 알고 있다.

학생도 마찬가지다. 좋은 학생의 기준은 '다른 학생들보다 순위가 높은 학생'이다. 성적표에는 과목별로 학급에서 몇 등을 하고 있는지가 명확히 표시된다. 전국단위로 시행되는 시험에서는 전국석차까지도 표시된다. 그래서 학생들은 더 높은 등수에 오르기 위해 노력을 기울인다. 하지만 상위권의 자리는 항상 고정되어 있다. 어떤 학생이 상위권에 오른다면 그 자리에 있던 어떤 학생은 아래로 내려와야 한다. 모두가 위로 오르기 위해 노력하니 대부분은 제자리걸음이다. 만일 다른 학생들이 쏟은 노력만큼도 기울이지 않는다면 순식간에 뒤처지게 된다.

1등부터 꼴찌까지 극명하게 드러나는 구조 속에서 대부분의 학생들은 차별과 배제의 아픔을 경험한다. 그리고 그 아픔을 겪지 않기 위해 밤낮없이 노력한다. 학생들은 왜 공부를 해야 하는지에 대해 진지하게 생각하지 않는다. 학생들이 알고 있는 단 하나의 분명한 사실은 좋은 성적을 받아야만 한다는 것이다. 왜 열심히 공부하냐고 묻는 이가 있다면 그는 바보다. 다른 이보다 좋은 성적을 받아야 좋은 대학을 가고, 좋은 대학을 가야 좋은 직장을 얻을 수 있고, 좋은 직장을 얻어야 좋은 보수를 받고, 좋은 보수를 받아야 좋은 배우자를 얻고, 또 그래야 나머지 좋은 일들도 줄줄이 딸려오기 때문이다.

이처럼 상대평가 시스템은 교육의 내용보다 평가의 결과를 더 중시하게 만든다. 학생들에게는 '어떤 교육을 받았는지' 그리고 '학습을 통해 어떠한 사람이 되어가는지'에 관한 궁금증보다 '몇 등을 했는지'가 더 중요한 사안이다. 그래서 상위권에 속해 있다면 그저 교육을 잘 받은 것이고, 하위권이면 그렇지 못한 것으로 간주한다. 상대평가에서는 중위권의 학생이 어떤 노력을 했는지는 중요하지 않다. 그들은 그냥 보통의 노력을 기울였을 뿐이다. 그리고 하위권 학생들은 교육 내용을 잘 따라오지 못했을 뿐이다.

학벌사회와
보상의 격차

아래에 어지럽게 이어지는 대학이름과 순위를 다 기억하지 않아도 좋다. 매년 비슷하게 반복되는 내용이기 때문이다.

서울대 1등, 성균관대 2등, 한양대 3등, 연세대 4등, 고려대 5등, 서강대 6등, 이화여대 7등, 중앙대와 한양대(에리카) 공동 8등, 서울시립대 10등. 2015년 '중앙일보 대학평가'의 내용이다. 서울대 1등, 고려대 2등, 연세대 3등, 성균관대 4등, 한양대 5등, 이화여대 6등, 부산대 7등, 중앙대 8등, 경희대 9등, 경찰대 10등. 이건 최근 5년간 사법시험 합격자수 순위다. 서울대 1등, 고려대 2등, 연세대 3등, 성균관대 4등, 이화여대 5등, 한양대 6등, 서강대 7등, 서울시립대 8등, 경희대 9등, 부산대 10등. 최근 5년간 행정고시 합격자수 순위다.[3] 서울대 1등, 고려대 2등, 연세대 3등, 한양대 4등, 성균관대 5등. 500대 기업 CEO 출신학교 순위다.[4]

사람들은 이런 등수를 기반으로 만들어진 '서연고서성한중경외시…'라는 서열로 우리나라 대학들을 깔끔히 정리해버렸다. 이런 대학 서열화 바람은 중학교와 고등학교의 서열에까지 영향을 미쳤다. 인터넷에서 '중학교 순위'란 키워드로 검색해보라. 학업성취도 평가를 기준으로 국내의 모든 중학교를 1등부터 꼴찌까지 한 줄로 세운 표를 쉽게 구할 수 있다. 고등학교의 경우는 조금 더 다양한 순위표가 돌아다닌다. 국영수 과목의 표준점수 합계를 기반으로 한 순위표는 성적이 높은 학생들이 모여 있는 학교가 어디인지 쉽게 파악하게 해준다. 서울대 합격자 수를 기준으로 전국 고등학교를 한 줄로 세운 순위표도 쉽게 구할 수 있다.

우리가 이렇게 학교 순위에 목을 매는 이유는, 순위에 따른 보상의 차등화가 너무도 극명히 드러나 있기 때문이다. 특히 순위가 높은 몇몇 학교가 보상을 독차지하고 있다. 우리나라의 4년제 대학교 수는 총 200개 정도다. 그중 SKY 대학은 한국의 상위권 대학들답게 사회 요직에 졸업생들을 포진시키고 있다. 한 언론매체[5]에 따르면, 우리나라 광역자치단체장 가운데 SKY 출신들이 차지하는 비중은 49%이다. 또한 국회의원은 53%, 부총리 및 장관은 71%, 병원장은 53%, 종합병원 의료인은 42%, 법조인은 65%, 고시합격은 54%, 대학총장은 37%, 정부출연기관장은 67%, 대학교수는 40%, CEO는 53%로 나타났다. 총 200개의 대학 가운데 3개교 출신들이 한국사회를 장악했다고 해도 과언이 아닐 정도다. 특히 서울대가 차지하는 요직의 비중은 SKY대학

중 가장 높다.

　사회 요직이 최상위 몇 개 대학에 쏠려 있는 상황. 현실이 이러하니 모든 이들이 순위가 높은 대학에 진학하길 꿈꾸는 건 당연한 일이다. 이런 승자독식의 구조는 공간적으로도 이어진다. 많은 이들이 상위권 대학에 학생을 많이 진학시키는 중고등학교가 있는 지역에 살기를 원하며, 그에 따라 특정 지역에 부자들이 모여 살게 됐다.

전국을 대상으로 조사한 인구 1000명당 서울대 입학률을 지역별로 살펴보면 강남구가 1등(24.7명), 서초구가 2등(21.3명), 송파구가 3등(9명)이다. 모두가 알다시피 이들 지역은 우리나라에서 가장 비싼 아파트가 모여 있는 곳이다. 2015년 기준으로 강남구의 평(3.3㎡)당 아파트값 평균은 3247만 원, 서초구는 2831만 원, 송파구는 2327만 원이다. 30평 아파트 한 채를 마련하는 데 강남구는 약 10억 원, 서초구는 8억5000만 원, 송파구는 7억 원이 필요하다. 이들 지역이 얼마나 잘 나가는지를 보여주는 지표는 많다.

2010년 이후 5년간 서울대 수시모집 합격자가 가장 많이 늘어난 구는 강남구(25명→64명), 서초구(21명→48명), 송파구(27명→45명) 순이다. 여기서도 순위는 같다.[6] 전체 재학생 5명 중 1명이 서울대로 진학하는 대원외고에 2015년 가장 많은 입학생을 보내는 지역도 강남구(65명)가 1위이다. 그 뒤로 송파구(33명)와 서초구(30명)가 자리한다. 대원외고에 진학한 중학생들의 반 정도가 이른바 강남 3구 출신들이다. 재미있게도 2005~2014년 출신 고교의 행정구역을 기준으로 한 서울의 신임법관 비율을 살펴보아도 등수가 똑같다. 다시 지루하게 반복하지만 강남구가 1등, 서초구가 2등, 송파구가 3등이다.

〈여덟 살의 꿈〉이란 동요를 들은 적이 있는가. 이 동요는 실제한 초등학교 1학년생의 시를 기반으로 만들어졌다.

〈여덟 살의 꿈〉

나는 부전초등학교를 나와서

국제중학교를 나와서 민사고를 나와서

하버드대를 갈거다.

그래 그래서 나는

내가 하고 싶은

정말 하고 싶은 미용사가 될 거다[7]

미용사를 꿈꾸는 아이의 마음에도 국제중, 민사고, 하버드대가 품어져 있다. 이들 학교에서 뭘 가르치는지는 관심의 대상이 아니다. 중요한 건 이 학교들이 주변의 모든 사람들이 부러워하는 최고의 지위를 가지고 있다는 사실뿐이다. 그리고 이와 비슷한 서열의 대학을 나온 사람들이 모든 분야의 요직을 독차지하고 있다는 사실이다. 이것만으로도 모두 비슷한 꿈을 꾸는 동시대 아이들의 모습이 전혀 이상해 보이지 않는다. 미용사가 되고자 하는 소녀도, 화가를 꿈꾸는 소년도, 소방관이 되고자 하는 청년도 보다 높은 지위의 학교를 소망한다. 그 누가 뭐라고 해도 높은 지위 학교의 졸업장은 성공으로 향하는 가장 중요한 열쇠이기 때문이다.

졸업장 인플레,
그리고 지위경쟁

우리나라의 고교생의 대학진학률은 약 70% 정도다.[8] 1990년대 초반만 해도 고교 졸업생 세 명 중 한 명만이 대학에 진학했다. 이후 정부의 대학 공급확대 정책은 대학진학률을 급속하게 증가시켰다. 1995년 50%를 거쳐, 2008년에는 84%로 정점을 찍었다. 2008년 전세계를 공포로 몰아넣었던 금융위기를 기점으로 대졸자의 취업률은 급속히 떨어지기 시작했다. 대학 진학도 먹고사는 데 그리 큰 도움을 주지 않는다고 느껴서일까? 2008년 이후부터 최근까지 대학진학률은 서서히 낮아져 2014년에는 약 70% 정도를 기록하고 있다. 아무리 진학률이 감소하고 있다지만 한국의 대학진학률은 OECD 회원국(2008년 기준, 독일 36%, 일본 48%, 영국 57%, 미국 64%)에 비해 압도적으로 높은 편이다.

다른 선진국에 비해 월등히 많은 사람들이 대학에 진학하는 이유는 무엇일까? 학비가 싸서일까? 아니다. 전체 대학의 80% 이상을 차지하는 사립대학교 등록금의 경우를 살펴보자. 2011년 OECD 사립대학 등록금 순위에서 우리나라는 4위에 올라 있다.[9] 미국(연 1700만 원), 슬로베니아(연 1100만 원), 호주(연 1000만 원) 다음에 자리한 한국의 연간 등록금은 930만 원에 달했다. 그런데 슬로베니아와 호주에 거주하는 대부분의 대학생들은, 등록금 전액을 국가에서 지원받거나 훨씬 저렴한 국·공립대학에 다닌다. 그러니 한국은 사실상 세계에서 두번째로 대학등록금이 높은 나라인 셈이다. 그렇다면 다른 나라에 비해 취직은 더 잘되는 걸까? 불행히도 한국은 대학교육 비용이 세계에서 가장 높은 나라 중 하나이지만, 그게 높은 고용률로 이어지지는 않는다. 2013년 현재 대졸자의 취업률은 OECD평균(82%)에 못 미치는 75%로 나타나고 있다. OECD국가들 중 꼴찌다.

상황이 이런 데도 대학 진학 경쟁이 멈추지 않는 이유는 그래도 교육이 사회적 지위를 획득하는 몇 안 되는 수단이기 때문이다. 성공 방법이 다양화되지 않은 사회에서는 졸업장 경쟁이 치열해질 수밖에 없다. 여전히 가방끈이 더 길어질수록 더 좋은 직장과 더 나은 배우자를 구할 가능성이 높아지는 건 공공연한 사실이다. 문제는 대다수가 대학을 진학하게 되면서 학력의 가치가 점점 떨어지는 현상이 발생했다는 점이다.

이런 학력의 가치 하락은 졸업장을 둘러싼 경쟁의 성격을 바꾸어 놓았다. 예전의 학력 경쟁이 '대졸자 VS 고졸자 이하'의 구도였다면, 이젠 '어느 대학 졸업장'을 갖고 있는지가 중요해진 것이다. 인터넷에서 '대학 순위'라는 키워드를 입력해보면 어느 대학 순위가 더 높은지에 대해 갑론을박하는 진풍경을 쉽게 볼 수 있다. 이런 논쟁은 대학의 서열화와 관련된 지위경쟁의 맥락에서 이해될 수 있다. 이제 우리 사회는 SKY그룹과 비非SKY그룹을 나누어 학벌을 평가하는 것이 일상이 되어버렸다. 또한 SKY그룹 이하의 중상위권 대학들은 자신들의 대학 서열을 놓고서 인터넷에서 한바탕 전쟁을 벌이고 있다.

대학 서열 논쟁이 심화되면서 몇 해 전까지만 해도 상상도 못할 일이 벌어졌다. 인터넷 커뮤니티 '디시인사이드'에서 한양대를 비방하는 글을 올린 중앙대 학생이 한양대 측으로부터 명예훼손 혐의로 고소를 당한 것이다. 중앙대는 학생이 반성하고 있다며 고소 취하를 요청했지만, 잦은 비방에 시달렸던 한양대는 중앙대의 요청을 받아들이지 않았다. 이후 중앙대 인터넷 커뮤니티인 '중앙인'에는, 중앙대를 폄하하거나 비방하는 학생들을 한양대처럼 고소해야 한다는 글이 줄이어 게재됐다. 이에 중앙대는 '디시인사이드'에서 학교를 비방한 게시글의 대표적인 IP 13개를 추적해서 서울중앙지검에 명예훼손 혐의로 고소했다.[10]

애들의 장난처럼만 보이는 대학의 서열 논쟁이 이렇게 법정 싸움으로까지 번진 것은 우리 사회에서 대학 서열이 매우 예민한 문제가 되었음을 말해준다. '서성한중경외시'라는 어구에서 볼 수 있듯 한양대와 중앙대는 대학 서열의 앞뒤에 있는 경쟁 상대다. 그렇기 때문에 자신들을 비방하는 상대를 가만두지 않는 것이다.

누군가가 만들어놓은 이런 서열은 수험생들에게 아주 유용하게(?) 이용되기도 한다. 내신과 수능 1등급 최상위권 수험생을 위해 존재한다는 오르비(www.orbi.kr)란 웹사이트가 있다. 이 웹사이트는 자칭 서울대·연고대·의대·치대·한의대·경찰대 진학을 원하는 학생들의 정보 공유의 장이라 선전하고 있다. 홈페이지

내 '서성한중'이라는 코너에는 입시철마다 "한양대 경제 빠지는 분?" "성대 경제 빠지는 분?"이란 제목의 글들이 많이 올라온다. 대입 추가합격을 원하는 학생들의 글이다. 서강대의 예비합격자는 누군가가 더 좋은 대학에 붙어서 빠져주기를 간절히 기대한다. 성대의 예비합격자 역시 앞에 있는 누군가가 빠져주어야 그 밑의 대학에서 '레벨 업'이 가능하다. 일종의 하향 필터링filtering down에 대한 정보가 이곳에서 체계적으로 제공되고 있는 것이다.

우리나라의 대학들이 지금처럼 서열화된 적은 없었다. '서성한중경외시'라는 대학 서열을 '태정태세문단세'나 '빨주노초파남보' '수금지화목토천해명'처럼 자연스럽게 외우는 학생들이 있는 곳도 우리나라를 벗어난 세상에는 없을 것이다. 학력 인플레 속에서 학생들은 더 깊은 지식보다는 더 높은 지위를 열망하고 있다. 하지만 높은 지위가 있으면 낮은 지위도 있기 마련이다. 남들이 우러러보는 높은 서열의 대학에 입학하지 못한 학생들은 낮은 지위의 학생으로 전락한다. 전국 수험생의 2%만 입학할 수 있는 SKY라는 한정적 지위는 서열이 지배하는 사회에서 더욱 큰 힘을 얻고, 나머지 98%는 '낭비적' 열등감으로 마음이 작아져만 가고 있다.

평가, 평가, 평가,
그리고 지위경쟁

학생평가와
지위경쟁

풍요로운 사회로 진입하면서 경쟁의 성격은 물리적 희소성에서 사회적 희소성을 추구하는 것으로 전환되었다. 사람들이 경쟁하는 대상은 남들이 부러워하는 높은 지위이다. 높은 지위를 얻기 위해서는 다른 사람들을 이겨야 한다. 그러니 지위경쟁에 참여하고 있는 사람들은 항상 긴장 상태에 있을 수밖에 없다. 사람들은 경쟁을 통해 스스로 얼마큼 발전할 수 있는가보다는 '이기는 것' 자체에 더 많은 관심을 기울이게 된다. 그러면서 높은 지위를 향한 노력은 고통스럽고 낭비적인 노력으로 변질된다.

여기서는 이런 지위경쟁이 학생·교수·대학교를 망라한 대학교육계 전반에 전방위적으로 나타나고 있는 현장을 보여주려 한다. 교육에서의 지위경쟁이 우리 사회에 어떠한 모습으로 보편화되었는지, 또한 우수한 학생·교수·대학이 되고자 하지만 '우수하다는 것'의 본질을 망각하게 하는 지위경쟁의 실제적 면모를 보게 될 것이다.

오늘날 대학에서는 상대평가가 일반적이다. 성적을 줄 때 각 등급의 비율을 정해놓고 성적이 우수한 순서대로 학점을 매긴다. 그래서 객관적으로 학업성취도가 뛰어난 학생이라도 얼마든지 C나 D를 받을 수 있다. 그 학생보다 더 잘한 학생들이 많다면 말이다. 이런 상대평가는 1990년대 말부터 성행한 것으로 알려져 있다. 하지만 과거에도 상대평가로 대학생들을 평가하려던 시도가 있었다.

1980년 군사쿠데타를 통해 집권한 신군부의 국가보위비상대책위원회는 이른바 '졸업정원제'를 시행했다. 졸업정원제도는 대학 입학정원을 30%(당시 약 10만 명) 증원하는 동시에, 졸업할 때 이 인원만큼 탈락시켜 졸업자의 수를 예전처럼 유지시키는 것을 골자로 한다. 다시 말하면, 입학생을 130% 받아서 100%만 졸업시키는 것이다. 정부는 이 제도를 통해 두 마리의 토끼를 동시에 잡으려 했다. 먼저 '고급 교육'에 대한 수요에 맞추어 공급량을 확대해서 과열된 입시경쟁을 잠재우려 했다. 또한 당시 이른바 '먹고 대학생(할일 없이 노는 대학생)'들을 탈락시켜 대학의 면학 분위기를 조성한다는 목적도 담고 있었다. 그러나 당시의 식자識者들은 졸업정원제를 '교육쿠데타'라고 혹평했는데, 이 제도가 대학생들이 딴생각을 못하게 만들기 위한 목적을 가지고 있었기 때문이다.

언뜻 생각해보면 졸업정원제도는 선진국형 대학제도와 유사한 측면이 있다. 대부분의 선진국 대학들은 입학은 쉬운 편이지만 졸업이 상대적으로 어려워 대학 내에서의 경쟁이 치열하다. 단지 차이가 있다면, 우리나라의 경우는 국가가 직접 나서서 하위 30%를 자르라고 대학에 강제한 것이다. 학생 30%를 무조건 탈락시키는 제도의 효과는 불을 보듯 뻔했다. 제도의 실시 이후 대학의 문화도 급속히 바뀌었다. 대학생들 사이에도 경쟁문화가 자리 잡았을 뿐만 아니라, 이 경쟁에 부담을 느껴 자살을 시도한 학생도 나타났다. 더 받은 인원인 30%를 중도에 탈락시키는 건 교수에게도 큰 부담을 주었다. 교수는 학생들의 탈락여부를 결정하는 심판관이 되었고, 예전보다 더욱 큰 권력을 갖게 되었다. 졸업정원제의 문제점이 사회적으로 부각되자 정부는 시행 3년 뒤 증원된 30%에 대한 처리를 대학이 자율적으로 결정하도록 맡겼고, 7년 뒤에는 이를 완전 폐지했다.

이런 징벌적 차등화가 옛날이야기만은 아니다. 상대평가제도를 무리하게 도입한 후 문제가 발생했던 카이스트의 사례를 살펴보자.

2006년 서남표 총장이 취임한 이후 카이스트에는 커다란 개혁의 바람이 불었다. 많은 제도 변화가 있었지만 '차등 등록금' 제도는 유독 많은 논란을 불러일으켰다. 모든 학생들에게 장학금을 지불했던 카이스트는 이 제도를 도입하며 학점이 3.0 미만인 학생들을 대상으로 성적에 따라 차등적으로 등록금을 부과했다. 학점이 2.0이상 3.0미만이면 학점 0.01점당 6만 원을 내야 하고, 2.0미만이면 수업료 600만 원뿐만 아니라 기성회비 150만 원도 내게 했다. 2010년에 카이스트 재학생 7805명 중 13%에 이르는 학생들이 등록금을 냈다. 그해 카이스트는 등록금으로 총 25억 6000만 원을 거둬들였다.[11]

공부에서 한가락한다고 자부하던 카이스트 학생들도 이 제도로 인해 극심한 스트레스를 받았다. 2011년 초 전문계 고등학교를 졸업한 '로봇 영재'가 학업을 따라가지 못해 스스로 목숨을 끊었고, 이후 학생 3명이 연이어 자살하는 사건이 발생했다. 외부에서는 차등 등록금 제도를 포함한 서남표 총장의 무리한 개혁이 경쟁 분위기를 강화하고 있으며, 이러한 분위기가 학생들을 죽음으로 몰아갔다고 비난했다.

하지만 카이스트는 모든 학생에게 등록금 전액을 지원하는 제도는 바람직하지 않다고 주장했다. 열심히 공부하지도 않는 학생들에게까지 등록금을 지급하는 건 세금 낭비일 뿐만 아니라 도덕적 해이를 심어줄 수 있다는 것이다. 카이스트의 말도 일리가 없는 건 아니었다. 수재들이 입학하는 학교라지만 강의 참여나 연구에 열의를 보이지 않는 학생들도 있을 것이기 때문이다. 공부를 등한시하는 학생들에게 전액 장학금과 기숙사까지 무료로 제공하는 건 바람직하지 않다. 다만 문제가 되는 건 상대평가에 따른 차등적 등록금 부과가 열심히 공부하고 있는 학생들에게도 피해를 준다는 점이다.

차등 등록금 제도는 열심히 공부해서 일정 수준에 도달한 학생도 수업료를 내야 하는 상황을 만든다. 수업료를 내는 학생들은 좋은 성적을 받은 학생에게 '반면교사'가 된다. 돈을 낸다는 사실보다 더 학생들의 마음을 아프게 하는 건 낮은 지위로의 추락이다. 카이스트에서의 수업료는 낮은 지위에 대한 징벌적 성격이 있었다. 이런 징벌은 자존감의 하락과 타인에 대한 두려움을 만들어냈다. 2012년 국정감사 자료에 따르면, 카이스트 재학생

중 약 15% 정도가 우울증 증상을 보이고 있는 것으로 확인되었다.[12] 치열한 경쟁으로 인한 이러한 두려움을 피하기 위한 학생들의 가장 두드러진 노력은 '좋은 학점을 받기 쉬운 과목 택하기'일 것이다. 아마도 최소의 노력을 들여 최고의 학점을 받을 수 있는 수강과목으로 수업 시간표를 구성했을 것이다.

상대평가제도는 어려운 과목이라도 도전해서 익혀야 할 학생들의 공부 방향을 '학점관리'로 돌려놓는 역할을 했다. 이에 대한 폐해를 인정한 카이스트도 상대평가를 통한 차등 등록금제를 폐지했다.

안타깝게도 필자가 재직하고 있는 대학도 상대평가로 학점을 부여한다. 졸업 후에도 취업이 어렵다보니 학생들은 학점관리에 전전긍긍하며, 조금이라도 더 좋은 학점을 받기 위해 죽기 살기로 달려든다. 대부분의 학생은 매우 진지하게 수업에 임한다. 그리고 강의의 핵심 또한 잘 이해한다. 가르치는 입장에서는 그런 학생들이 참으로 기특하고 고마울 뿐이다. 하지만 열심히 수업에 참여한 학생 모두에게 A학점을 줄 수는 없다. 학교 방침에 A를 줄 수 있는 최대 학생 수가 제한되어 있기 때문이다. 물론 나머지 학점에 포함되어야 하는 학생들의 수도 마찬가지이다. A학점은 전체 수강인원의 35%를 초과해서 줄 수 없고, 나머지 중 일부(5% 이상)는 반드시 D학점이나 F학점을 받아야 한다.

시험 감독을 들어갔던 어느 날에 발생한 일이다. 하얗게 질린 표정으로 앉아 있는 여학생이 눈에 띄었다. 조용하지만 열심히

전공은 학점관리학
_____ 부전공은 경영학

수업에 참여한 학생이었다. 그 학생에게 조용히 다가가 무슨 일이 있는지 물었다. 잠시 아무 말도 하지 못하던 학생은 빨갛게 충혈된 눈에 금방 울음을 터뜨릴 것 같은 얼굴이었다. 그리고 얘기했다. "강의도 열심히 들었고, 시험 전 며칠 동안 정말 열심히 공부했는데, 공부한 부분에서 시험문제가 나오지 않았다"는 것이다. 나는 학생들이 너무 열심히 공부해서 문제를 어렵게 출제했다고 말하며, 주어진 시험시간에 최선을 다하라고 격려한 후 자리를 떴다. 학생들이 작성한 답안지가 전달되자마자 나는 그 여학생의 답안지부터 찾았다. 빈 공간이 듬성듬성 보이는 답안지를 빠르게 훑으며 마음이 무거워지고 어두워졌다. 그 학생은 D학점을 받았다.

엄격한 상대평가 시스템이 학교에 도입되고 난 이후 학생들의 경쟁은 더욱 치열해졌다. 학생들은 다른 학생들의 공부법이나 성적에 관심을 기울이기 시작했다. 또한 다른 학생의 시험 부정 행위에 대해 무척 민감하게 반응했다. 조별 발표의 경우, 함께 작업하는 상대가 자신의 학점을 높이는 데 유리한지 아닌지도 계산해서 팀을 짜기 시작했다. 학생들은, 자기 성적은 스스로의 노력도 중요하지만 다른 학우들이 어떠한 노력을 기울이는지에 따라 바뀔 수 있음을 빠르게 이해했다.

학생들은 A학점 그룹에 끼기 위해 갖은 노력을 다한다. 대학교 안에서 A학점은 가장 열심히 공부한 자만이 얻을 수 있는 최고의 지위다. 자신들이 바라는 지위가 더욱 한정되어 있다고 느낀 학생들은 예전보다 더 많은 노력을 들여 공부한다. 하지만 모든 학생들이 밤잠을 설쳐가며 공부한다 해도, 그리고 이 학생들 모두가 가르치는 선생을 흡족하게 만든다 해도, 상대평가는 아주 소수의 학생에게만 A학점을 허락한다. 그리고 누군가는 반드시 D나 F학점을 받아야 한다. 물론 A학점 그룹의 학생들이 빛나는 이유는 그 밑에 B, C, D, F학점을 받은 학생들이 줄지어 있기 때문이다.

'참 잘했어요!'라는 파란색 도장이 수도 없이 찍힌 초등학교 시절의 숙제 노트가 기억난다. 이 도장에는 (예습을) 참 잘했어요!, (복습을) 참 잘했어요!, (놀고 싶은 걸 참고 숙제를) 참 잘했어요!, (이 정도면) 참 잘했어요!, (어려운 과제였지만 빈칸을 채워서) 참 잘했어요! 라는 다양한 의미들이 포함되어 있었다. 선생님이 찍어준 '참 잘했어요!' 도장은, 다른 학생들이 나보다 더 열심이었는지 그렇지 않았는지가 중요하지 않았다.

상대평가로 줄 세우는 사회에서는 모두가 '참 잘했어요!'를 받을 수 없다. 이런 사회에서는, 모두가 훌륭한 업적을 성취해도, 일부는 반드시 '참 못했어요!'를 받아야 한다.

교수평가와
지위경쟁

경쟁이 치열한 시대일수록 부러움을 사는 직장이 있다. '철鐵밥통' 직업으로 사람들의 입길에 오르내리는 대표적 직업은 아마도 공무원·교사·대학교수 등일 게다. 철밥통은, 어떠한 상황에서도 굶어 죽을 염려가 없는 튼튼한 밥통이 보장되어 있다는 뜻이다. 그리 힘 빼지 않아도 평생 밥벌이가 보장되어 있으니, 열심히 일할 동기가 생기지 않을 수도 있다.

여기서는 공무원·교사·대학교수가 진짜로 철밥통인지 아닌지에 대해 논하지는 않을 것이다. 다만 요즘은 과거 안정적이라고 인식되던 직업들에서도 예전과는 다르게 경쟁 원리가 새로이 도입되고 있다는 것을 강조하려 한다. 이 경쟁 원리는 앞서 강조한 것처럼 '상대평가'와 '차등화'의 논리가 합쳐진 형태로 나타났다. 이를 설명하기 위해 필자가 가장 잘 알고 있는 대학교수의 경우를 살펴보려 한다. 그로써 철밥통으로 상징되던 이들의 세계가 급격히 바뀌어가고 있음을 보여줄 것이다.

한국의 대학에서 정년보장을 받기 위해서는 대략 10년의 시간을 보내야 한다. 전임강사와 조교수, 부교수의 단계를 거치는 동안 학교에서 요구하는 요건을 충족하지 못하면 교수직을 그만두어야 하는 일도 생긴다. 물론 한국의 대학에서 이런 일이 발생하는 경우는 매우 드물다. 요건을 충족하기가 그리 어렵지 않기 때문이다. 설사 요건을 충족시키지 못한 교수들이 생겨도 학교에서 적당히 감안해주는 일도 많았다. 분명 한국의 대학교수직은 직업 안정성이 대단히 높았다. 대학교수들은 한번 자리를 잡으면 연구비 횡령이나 성희롱 등의 불미스러운 사건에 연루되지 않는 한 학교에서 잘리는 일이 거의 없었다. 중앙대학교에서는 이런 관행이 경쟁력을 떨어뜨린다고 판단하고서 다음과 같은 제도를 도입했다.

먼저, 상대평가제를 도입해 교수의 등급을 나누고 보상을 차등화했다. 교수들의 업적을 평가한 후, S·A·B·C 등급으로 나누어 연봉을 달리 적용하는 것이었다. 가장 우수한 등급인 S등급은 전체의 5%, 그 다음의 A등급은 20%, B등급은 65%로 구성되었다. 가장 낮은 C등급은 하위 10%에게로 돌아가는 것으로 설정되었다. 상대평가로 무조건 10%를 C등급으로 할당하는 방법에 비난이 일자, 최소 업적기준(인문대와 사회과학대의 경우 1년에 논문 1편)을 맞추지 못하는 교수들에게만 C등급을 부여했다. 교수들에 대한 평가는 연구 60%, 강의평가 및 교재개발 등의 교육 30%, 외부 활동 및 학술발표 참여 등의 봉사 10%로 구성되었다. 교육과 봉사 항목도 평가에 높은 비중을 차지하긴 하지만, 이 둘은 기본요건만 충족하면 문제시되지 않기에, 실질적인 등급은 연구 성과가 좌우하는 구조다. 쉽게 말해, 논문을 많이 쓰면 등급이 높아지는 것이다.

둘째로, 부여된 등급별로 임금을 차등화했다. 이 차등화의 논리는 '당근'과 '채찍'으로 나누어진다. 당근은 상대평가에서 앞서가는 사람들의 보수를 더욱 크게 하는 것으로, 채찍은 상대평가에서 뒤처지는 사람들의 보수를 빼앗는 방법으로 나타났다.

S등급 교수들에게 6%, A등급은 4%, B등급은 2%의 연봉인상률을 적용하고, C등급을 받은 교수들은 연봉을 동결했다. 우리나라의 연간 소비자물가 상승률이 2~4%정도인 것을 감안하면, C등급의 경우는 실질적으로 2~4% 정도의 연봉삭감을 의미했다. 만약 한 교수가 두 번 연속 S등급을 받고, 또 다른 교수가 C등급을 연속으로 받는다면 둘의 연봉 차이는 엄청나게 벌어질 수 있었다. 중앙대는 가장 낮은 C등급을 받은 교수들에 대한 또 다른 벌칙도 도입하려 하고 있다. 먼저 C등급 교수에게 대학원생의 배정을 금지하려 한다. 대학 내에서 많은 논문이 대학원생들과의 공동 작업으로 생산되는 만큼, 대학원생 배정 금지는 치명적인 벌칙이다. 둘째로, 대학 측은 6~7년에 한 번씩 강의를 면제시켜주는 연구년 제도를 C등급 교수들이 이용하지 못하도록 제한하

려 한다. 최근에는 5년간 연구 실적이 없는 교수들에게 정직 1개월의 징계처분과 함께 한 학기의 강의를 취소했다. 교수들에게 연구업적이 부족하다는 이유로 이런 징계가 내려진 것은 유례없는 일이었다.

중앙대가 도입한 교수 상대평가제의 위력은 유력 일간지들이 보여주는 '생산성' 지표와 '순위'로 확인할 수 있었다. 연봉제 도입 이후 교수들의 연구 성과는 폭발적으로 늘었다. 중앙대는 국내에서 가장 많은 국내 논문을 게재하는 대학이 되었고, 각종 평가에서 순위가 눈에 띄게 상승했다. 특히 『중앙일보』의 대학 종합평가에서의 꾸준한 상승이 돋보였다. 2008년 14위에 머물렀던 중앙대는, 2012년 10위권으로 진입했고, 2013년 이후로 3년 연속 8위를 기록할 정도로 평가가 가파르게 상승했다.

줄 세우기와 이에 따른 보수의 재분배는 빠르고 확실한 방식으로 구성원들의 마음을 움직였다. 이런 정책들이 정체되었던 조직에 긍정적인 변화의 바람을 몰고 온 건 부정할 수 없다. 말하자면 이는 경쟁의 초반에 나타나는 '사회적 손실 < 사회적 이익'의 상황일 수 있다. 하지만 우리가 살펴보았듯이 경쟁의 무한한 지속은 '사회적 손실 > 사회적 이익'으로 역전되는 지위경쟁의 상황을 불러올 수 있다. 이미 그런 정황이 나타나고 있는데, 교수들이 연구점수를 많이 받을 수 있는 연구에만 몰리고 있는 것이다. 또한 몇 년 이상의 긴 시간이 필요한 연구는 기피되고 있는 실정이다.

앞으로도 대학들은 차등화의 구조 속에서 더욱 고강도의 당근과 채찍 정책을 멈추지 않을 것이다. 교수를 줄 세우는 것이 대학 서열의 향상에 어떠한 영향을 주는지 체감했기 때문이다.

대학평가와
지위경쟁

대학 서열에 가장 민감한 사람들은 대학 진학을 앞둔 입시생과 그들의 부모들일 게다. 그래서 이들이 대학 서열화에 앞장섰다고 보는 경우가 많다. 하지만 대학 서열화를 보다 주도면밀한 형태로 주도했던 건 이들이 아닌 몇몇 미디어였다.

현재까지 대학 서열화에 가장 큰 논리를 제공하고 있는 매체는 단연 『중앙일보』다. 이 신문은 우리나라 대학의 수가 급속히 증가하기 시작했던 1990년대 중반부터 '중앙일보 대학평가'를 진행해오고 있다. 처음에는 사람들의 관심이 지금과 같진 않았다. 하지만 시간이 지날수록 '중앙일보 대학평가'는 한국 사회에서 막강한 영향력을 발휘하기 시작했다. 매년 발표되는 평가 결과는 수험생들에게 어느 대학을 선택해야 할지에 대한 큰 그림(?)을 제공했다. 또한 기업에게는 인재를 선발하는 기준으로, 장학재단에서는 장학금을 제공하는 기준으로 사용되기도 했다. 이것이 평가 결과가 발표될 때마다 대학 관계자들이 초긴장하는 이유이다.

『중앙일보』가 대학을 서열화하기 전에는 입시학원들이 배치표를 통해 대학을 줄 세웠다. 입시학원들은 대학교 학과들의 합격 점수 편차 범위를 알려줌으로써 서열화를 조장했다. 이런 방식에서는 대학끼리 범위가 겹칠 수도 있었다. 예컨대 A대학 법학과와 B대학 영문과의 점수 차이는 명확히 드러나도, A대학과 B대학을 종합적으로 서열 매기기는 어려울 수 있었다. '중앙일보 대학평가'가 사람들에게 호소력 있는 이유는 1등, 2등, 3등 순으로 나타나는 대학의 종합적 평가 결과가 너무나 이해하기 쉽게 대학간 서열을 드러내기 때문이다.[13]

'중앙일보 대학평가'는 국제화(배점 50점), 교수연구(배점 100점), 교육여건 및 재정(배점 90점), 평판 및 사회진출도(배점 60점)의 지표에 표준화 점수(총점 200점)를 매개로 대학들을 줄 세웠다. 대학들은 순위에서 밀리지 않기 위해 평가항목들을 꼼꼼히 검토해 점수를 높일 수 있는 방안을 강구했다. 이 과정에서 대학들은 빠른 속도로 변하기 시작했다. 영어강의의 비중을 높이고, 교수연구를 독려하며, 시설투자를 늘리고, 졸업하는 학생들의 취업까지 챙기기 시작했다. 방만하고 비효율적 대학경영에 염증을 느꼈던 사람은 이러한 대학의 변화에 큰 박수를 보내며 '순위매김'의 효율에 대해 극찬을 아끼지 않았다. 하지만 학계 일각에서는 경쟁 시스템에 돌입한 대학의 변화에 우려를 표했다.

이들은 대학이 얼마나 잘하는지를 점수로 환산해 비교하면

안 된다고 주장하며, 대학평가의 부작용을 강조했다. 예컨대 국제화 지수 향상을 위한 영어강의 도입은 강의 효율을 크게 떨어뜨렸다고 주장했다. 이런 주장은 많은 교수들이 공감하고 있는 것으로 보인다. 실제로 영어로 진행되는 강의에서는 학생들의 집중도가 크게 떨어진다. 한국말로 해도 이해하기 힘든 수업인 경우는 더더욱 그러하다. 또한 외국인 학생들에 대한 관리 정책 없이 이들을 무분별하게 받아 학내 의사소통의 문제가 생기기도 했다. 한국어에 익숙하지 않은 외국인 학생들은 조별로 진행되는 발표나 과제에서 찬밥 신세인 경우도 많았다. 의사소통의 문제가 있는 외국인 학생과 같은 조로 묶이면 학점관리에 문제가 있을 거라고 생각하는 한국 학생들이 많기 때문이다. 이러한 예들은 국제화 지수를 높이는 것이 교육의 질을 높이는 것과는 무관할 수 있음을 보여준다.

'중앙일보 대학평가'에 대한 가장 강한 비판은, 배점이 제일 높은 교수연구 부문에 있다. 이 부문 또한 교수가 외부에서 끌어온 연구비뿐만 아니라, 국내외 학술지에 기고한 논문들을 모두 점수로 정량화한다. 대학에서의 학문단위 구조조정은 이 점수를 높이기 위한 학과를 키우고, 점수 향상에 도움이 되지 않는 학문을 축소하거나 없애는 방향으로 진행되었다. 결국, 외부연구비 수주액이 상대적으로 적거나, 논문 한 편을 쓰는 데 많은 에너지가 투입되는 인문·사회계열은 불이익을 받고 있다. 평가의 정량화에 반대하는 사람들은 철학과의 논문 1편과 전자공학과의 논문 1편을 어찌 비교할 수 있냐고 비판한다. 같은 인문사회대학 내에 속해 있는 철학 분야의 논문 1편이 심리학 분야의 논문 1편과 양적으로 비교되는 것 또한 말도 안 된다고 주장한다. 철학이 심리학과는 너무나 다른 영역을 다루고 있을 뿐만 아니라, 두 학문은 연구를 진행하는 속도와 범위가 상이하기 때문에 이런 주장에는 일리가 있다. 사실 같은 학과 내의 교수들 간에도 연구영역이 달라서 같은 잣대로 평가하기 힘든 경우가 흔히 있다. 동일 학과 내에서도 실험에 몰두하는 교수와 이론에 집중하는 교수가 있으니 말이다.

교수연구 평가에서 '단행본 저서'가 빠져 있는 것도 문제점으로 지목된다. 교수가 열심히 대학교재를 쓰고 학술서적을 내도 그 성과를 인정받지 못한다. 그래서 시중에는 양질의 대학교재가 서서히 씨가 마르고 있다는 얘기가 돌고 있다. 이제는 책을 쓰는 젊은 교수들을 찾아보기 힘들다. 책을 쓰기 위해서는 지긋하게 하나의 주제에 천착해야 하는데, 그러자면 '논문의 수'를 포기해야 하기 때문이다. '논문의 수'를 포기하면 이제는 대학에서 살아남기 힘들다. 이 때문에 젊은 학자들이 쉽게 논문을 낼 수 있는 주제로 연구분야를 전환하거나, 쓰던 논문을 중도에서 급하게 마무리하는 사례도 눈에 띄게 증가하고 있다. '중앙일보 대학평가'에서 교수의 연구 능력을 앞서 설명한 몇 가지로 한정했기 때문에 발생하는 현상이다.

'중앙일보 대학평가'는 학문들 간에 나타나는 독특한 성질과

학자들 간의 차별성을 고려하지 않은 채 획일적으로 순위를 매기고 있다. 2015년 교수연구 부문에서 서울대는 1등, 이화여대는 2등, 연세대는 3등… 국민대 29등[14]이다. 이 등수가 어떻게 매겨졌는지 모르는 일반인들은 서울대 교수의 연구 능력은 1등, 국민대 교수들은 29등이라 생각한다. 이런 평가는 대학에 진학하려는 수험생들과 졸업생들이 취직하는 기업에도 영향을 준다. 따라서 평가를 낮게 받은 대학들은 다음해에는 평가기준을 충족시켜 등수를 올리기 위해 사력을 다할 것이고, 상위권 대학들도 자신들의 지위를 지키기 위해 더욱 고삐를 조일 것이다.

이러한 '중앙일보 대학평가'에 대한 반대운동은 교수들이 아닌 학생들에게서 먼저 일어났다. 고려대 총학생회는 '중앙일보 대학평가'에 대해 '마음도 받지 않겠습니다'라는 대자보 글을 온라인에 올렸다. 고려대 학생들이 대학평가에 대한 거부를 선언한 이후, 서울소재 8개 대학 총학생회도 이에 동참했다. 이들은 '중앙일보 대학평가'가 지나치게 순위를 강조해 서열화를 조장하고 있으며, 정량적 지표 자체가 대학의 본질을 훼손하고 있다고 주장했다.

이러한 대학 서열화 반대 운동에도 불구하고 『중앙일보』는 앞으로도 대학순위평가를 계속할 것임을 분명히 했다. 그리고 '중앙일보 대학평가' 홈페이지(http://univ.joongang.co.kr/)에는 다음과 같은 평가팀의 글이 올라왔다.

『중앙일보』는 국내에서 처음 대학평가를 실시했다. 대학 경쟁력은 국가 경쟁력으로 이어지고, 이는 민족의 생존전략과도 직결된다. (…) 대학교육의 질 향상을 위한 평가는 연례사업으로 계속할 방침이다.

이런 생각에 공감하는 사람도 많다. '중앙일보 대학평가'가 한국 사회에 심어놓은 대학의 '경쟁 코드'가 학생들의 교육여건을 개선하고, 교수의 연구 능력을 향상시키며, 궁극적으론 우리나라의 국가 경쟁력을 향상시킨다고 믿는 것이다. 사실이 어떻든 분명히 대학들은 '중앙일보 대학평가'가 세운 서열에 크게 반응했고 대학의 모습은 빠르게 변하고 있다. 대학 서열의 사다리를 올라가기 위한 경쟁도 가속화되고 있다.[15]

학생들은 '마음도 받지 않겠다'고 선언했지만, 『중앙일보』는 자신의 마음을 계속 줄 것이다. 대학 서열화가 우리 모두의 생존과 관련되어 있다는 믿음 아래 말이다.

05

더 나은
배우자를 얻기 위한
지위경쟁

일부일처제?
경쟁 억제제!

일부다처제에서의
지위경쟁

우리는 한 사람당 한 명의 이성과 결혼해야 하는 사회에 살고 있다. 일부일처제 원칙은 우리 사회의 강력한 규범이다. 그런데 만일 권력자나 부자들이 여러 명의 배우자를 취할 수 있다면 어떤 일이 벌어질까?

일부 남자들은 일부다처제가 시행되는 곳을 '꿈의 나라'로 칭하며 농담을 주고받을지도 모르겠다. 하지만 대부분의 남자들에게 그 '꿈의 나라'는 '꿈만 꾸어야 하는 나라'인 게 훨씬 좋다. 일부다처제를 인정한다면, 소수의 능력 있는 남자들이 여자들을 독점하고 나머지는 죄다 독신으로 살아야 할 가능성이 훨씬 높기 때문이다.

이 말이 믿기지 않는다면 일부다처제로 살아가는 동물의 세계를 참고하면 된다. 앞에서 예로 들었던 말코손바닥사슴과 코끼리물범을 기억하는가? 이 동물들은 소수의 수컷이 대부분의 암컷을 차지한다. 이 소수의 수컷들은 다른 수컷들보다 큰 몸집과 강한 근육을 가지고 있다. 나머지 수컷들은 암컷에 접근조차 할 수 없다. 한 번의 교미를 위해 목숨을 걸어야 하는 상황도 발생한다. 실제로 암컷에 접근하려다 우두머리 수컷에게 죽임을 당하는 코끼리물범도 많다. 영장류 가운데서 고릴라와 개코원숭이 또한 하나의 수컷이 다수의 암컷을 차지한다. 물론 모든 영장류가 그런 건 아니다. 긴팔원숭이와 명주원숭이 등은 평생 한 배우자와 살기도 한다.

일부다처제의 동물들은 더 많은 이성을 확보하기 위해, 혹은 암컷을 지키기 위해 많은 시간을 보낸다. 한편 암컷을 차지하지 못한 수컷들은 호시탐탐 기회를 엿보며 우두머리 수컷에게 도전한다. 우두머리 수컷이 병들거나 나약해지면 나머지 수컷들은 가차 없는 공격을 퍼붓는다. 그리고 나머지 수컷들끼리 목숨을 건 사투를 벌인다. 물론 여기서도 승자만이 암컷을 차지할 수 있다. 이렇게 암컷을 두고 서로 경쟁하는 동물을 토너먼트tournament 종이라 부르는데, 이런 종류의 동물들은 하나같이 우두머리가 되기 위한 경쟁에 너무 많은 힘을 빼고 있다.

그렇다면 인간은 어떨까? 지금까지 진행된 인류의 역사 속에서 일부일처제 원칙만 존재한 건 아니었다. 186가지의 서로 다른 문화를 분석한 한 인류학 연구[1]에서는 역사상 85%의 사회에서 일부다처제를 시행했다고 보고하고 있다. 그에 따르면 인류가 택해온 결혼의 형태는 (다수의) 일부다처제 > (소수의) 일부일처제 > (극소수의) 일처다부제 순으로 나타난다.[2] 그러니 일부일처제가 하느님이 만든 절대불변의 진리라거나, 아니면 조상 대대로 이어져 온 아름다운 전통이라고 우기지 마시라. 『구약성서』에 등장하는 아브라함, 야고보, 다윗, 솔로몬도 여러 명의 아내를 두었다. 현재도 많은 나라들이 일부다처를 허용하고 있다. 우리나라에서도 불과 100년 전까지 지위가 높은 남자들은 여러 명의 첩을 둘 수 있

큰뿔님을 사냥꾼이 좋아합니다

었다.

일부 진화생물학자들은 인간에게 생물학적으로 일부다처제 성향이 있다고 본다. 이들은 다음과 같은 사실에 주목한다. 수컷이 암컷보다 확연히 눈에 띄는 몸집을 가졌다면, 그 종은 일부다처제를 택할 가능성이 높다. 수컷의 큰 몸집은 더 많은 암컷을 차지하는 데 유리하기 때문에 그렇게 진화한 것이다. 예컨대 한 마리의 수컷이 수십 마리의 암컷을 거느리는 고릴라는 수컷이 암컷보다 두 배 가까이 몸집이 크다. 반면에 암컷의 몸집과 수컷의 몸집이 구별되기 힘들 정도로 비슷하다면 일부일처제일 가능성이 높다. 인간을 보면, 남성은 여성보다 10% 더 큰 키에 20% 더 무거운 몸무게를 가지고 있다. 이것만 놓고 보자면, 극단적인 일부다처제는 아니지만 어느 정도 일부다처제 형태에 가깝다고 볼 수 있다.

무한 경쟁을 막기 위해
일부일처제 원칙을 받아들였던 인류

역사적·사회적으로 일부다처제가 형성된 데는 다양한 원인이 존재한다. 먼저, 전쟁이 많았던 정복시대를 생각해보자. 전쟁터에서 수많은 남성들이 목숨을 잃으면, 이로 인해 마을에는 과부와 고아들이 넘쳐나게 된다. 아마도 살아남은 남자들의 몸값은 천정부지로 치솟을 것이다. 일부 국가에서 일부다처제가 시행된 것은 혼자서는 생존이 어려웠던 과부와 고아들이 크나큰 사회적 문제로 등장했기 때문이라는 설도 있다. 이들을 누군가가 맡지 않는다면 사회는 부랑자가 넘쳐나고 약탈이 일상인 혼란에 빠질 것이라는 점에서 이 이야기는 설득력이 높다.

하지만 이게 일부다처제의 유래를 모두 설명하진 못한다. 남녀 비율이 동등하게 유지됐던 사회에서도 일부다처제가 많았기 때문이다. 학자들은 사회적으로 불평등이 심한 곳에서 일부다처제를 택하는 경우가 많았다는 점에 주목한다.[3] 그리고 그 형태는 가장 부유하고 가장 권력이 큰 소수의 남성들이 다수의 이성異性을 독차지하는 모습이었다고 한다. 이 경우의 일부다처제는 권력자들이 자신의 힘과 재력을 과시하기 위해 많은 수의 배우자나 첩을 들인 것으로 해석되고 있다. 가장 극단적인 형태가 하렘harem이다. 하렘은 과거 이슬람국가에서 술탄(이슬람권에서 군주를 일컫는 말)의 아내 혹은 첩들의 집단을 말하기도 하고, 이들이 거주하는 공간을 일컫기도 한다. 비단 이슬람권만이 아니라 세계 곳곳의 최고 권력자들은 적게는 몇 십에서 많게는 몇 천의 여자들이 모인 하렘을 만들었다. 우리나라와 중국도 마찬가지다. 왕들은 왕후 이외에 다수의 후궁을 들였다. 특히 중국 황제의 경우에는 수천 명의 후궁을 들인 경우도 있다.

대부분의 독자들은 이쯤에서 짐작할 것이다. 일부다처제 사회에선 더 많은 수의 배우자가 더 높은 지위를 상징한다는 것을. 따라서 지위가 낮은 많은 사람(남성)들이 피해를 볼 수 있다는 것을. 다행히도 대부분의 사회는 이러한 승자 중심의 일부다처제에서 이탈해왔다. 하지만 이러한 변화가 우리 생각만큼 그리 오래된 일은 아니다. 일본의 경우 일부다처제를 법으로 금지한 것은 1880년이다. 미국은 1882년, 중국은 1953년, 인도는 1955년, 네팔은 1963년, 홍콩은 1971년, 이집트는 1985년, 모로코는 2008년에 금지한 것에서 보듯 일부일처제 원칙이 공고해진 건 얼마되지 않았다. 아직도 전세계 25% 정도의 나라들에서는 일부다처가 허용된다. 물론 그 수치도 빠르게 감소할 것으로는 예상된다. 일부다처제의 관습이 남아 있는 상당수의 국가들도 이를 폐지하려 노력중이기 때문이다.

많은 사회에서 일부다처제를 금지한 것은 생산기술이 고도화되고 사회가 더욱 복잡한 형태로 진행됨에 따라, 승자가 많은 배우자들을 취하는 것이 집단에 해가 될 수 있음을 이해했기 때문이다. 배우자를 얻기 위한 노력, 배우자를 지키기 위한 노력, 배우자를 빼앗기 위한 노력과 경쟁은 여러 측면에서 사회를 불안정하게 만들 수 있다.

한 유명 저널에 실린 논문[4]에서도, 일부일처제 사회에서는 남성들 간의 배우자 경쟁이 현격히 줄어든다고 밝히고 있다. 그리고 경쟁이 감소하면서 결혼하지 못하는 사람들이 줄었으며, 이에 따라 여러 가지 사회적 이익이 생겨났다고 보고하고 있다.

일부일처제가 갖는 긍정적 효과로는 첫째, 불필요한 경쟁이 줄어드는 점을 들 수 있다. 부자나 권력자가 많은 배우자를 얻는 상황에서는 나머지 남성 간의 경쟁이 치열해질 수밖에 없다. 이들이 결혼할 수 있는 여성들의 수가 줄어들기 때문이다. 이는 남녀 성비性比가 불균형한 사회에서 벌어지는 치열한 경쟁을 보면 잘 알 수 있다. 중국의 예를 살펴보자. 남아선호로 인해 성비의 불균형이 극심한 중국에서는 신부감을 찾기 위한 경쟁이 치열하다. 2014년 현재 중국의 15살 이하 인구의 남녀성비는 1.15정도다. 여자 100명에 남자 115명이 있다는 이야기다. 단순하게 계산해보면, 이들의 결혼적령기에는 남자 10명 중 1~2명이 짝을 찾지 못한다는 것이다. 누가 결혼을 하고 누가 못하게 될까?

중국의 여러 지역을 대상으로 남녀 성비격차와 집값과의 관계를 검증한 한 논문이 그 답을 알려준다.[5] 이 논문은 결혼시장에서 집을 마련할 수 있는 남자가 그렇지 못한 남자보다 더 선호된다는 사실과, 80%의 엄마들이 집을 마련하지 못한 사람에게 딸을 시집보내지 않겠다고 답한 어느 설문조사의 내용을 소개했다. 집을 마련할 수 있으면 더 나은 신부감을 구할 확률이 높아지는 것이다. 이 논문은 또한 남성인구 비율이 높은 지역에서는 집이 대체로 클 뿐만 아니라 집값 또한 높게 나타난다고 밝혔다.

둘째로, 일부일처제는 사회적 불만을 누그러뜨리는 효과를 갖는다. 결혼에 성공하지 못한 사람들은 그 불만을 사회나 다른 이들에게 표출하기 쉽다. 일부일처제 사회에서는 결혼하는 사람을 늘림으로써 이러한 불만을 상당히 줄일 수 있었다. 실제로 기존의 연구들은 일부일처제로 인해 강도·강간·폭력·사기 등의 범죄가 상당히 감소했다고 보고하고 있다.[6]

셋째로, 가정 내 갈등도 많이 줄어든다고 한다. 한 가정에 여러 배우자가 동거하는 일부다처 가정에서는 부인들 간에도 경쟁이 일어나게 된다. 여기에는 남편에게 더 많은 관심을 끌기 위한 경쟁, 그리고 자신의 자녀를 더 잘 키우기 위한 경쟁이 포함된다. 이러한 경쟁은 여러 갈등 상황을 유발해 가정의 화목을 깨고 문제를 일으킬 수 있다.

넷째로, 일부일처제는 남성이 자식에게 쏟는 관심을 대폭 증가시켰다. 일부다처제에서는 여러 명의 배우자와 이들이 출산한 자녀가 많을 수밖에 없다. 그래서 자녀들에게 쏟아야 하는 관심이 분산되는 경우가 많다. 또한 일부다처제에서 남성은 자녀들에게 관심을 쏟는 대신 또 다른 배우자를 얻기 위해 노력을 기울일 가능성이 크다. 그래서 일부 학자들은 일부일처제가 남성의 관심을 자녀들에게 향하게 했다고 주장한다. 그리고 육아에 대해 남자들이 관심을 기울이면서 유아의 생존율이 크게 올라갔다고 말한다.

마지막으로, 일부일처제가 갖는 가장 중요한 사회적 이익은 남녀간 형평성을 높였다는 데 있다. 이 원칙이 여자들의 권리를 남자들과 대등한 것으로 인식하게 함으로써 남성 중심적 결혼제도를 빠르게 해체시켰다는 것이다.

이러한 사회적 이익들을 살펴보건대, 일부일처제는 과다 경쟁의 폐해를 줄여서 우리 모두를 보호한다고 해도 좋을 것이다. 우리나라 민법은 "배우자가 있는 자는 다시 혼인하지 못한다"[7]라는 조항으로 일부일처제를 강제하고 있다. 현명하게도 우리 사회는 일부일처제를 우리 모두가 추구해야 할 '선善'으로 규정했다. 이제는 이런 원칙이 보편적인 결혼 형태로 자리 잡았고, 현시대를 사는 우리는 이 원칙을 인간의 본성에서 나온 제도처럼 인식하고 있다. 실제로 많은 사람들이 한눈 팔거나 바람 피우는 배우자는 하늘이 벌할 것이라 믿고 있지 않은가.

일부일처제가 인간의 본성에서 나왔는지, 아니면 하늘에서 내려준 제도인지는 이 책의 논점이 아니다. 중요한 사실은 이런 사회의 규칙이 있기에, 우리가 과다한 경쟁의 폐해를 줄일 수 있었다는 점이다. 그렇다면 일부일처제 사회에서는 결혼에서의 경쟁이 없을까? 그렇지는 않다. 일부일처제 사회의 결혼시장에서는 다른 형태의 지위경쟁이 벌어진다. 이제부터 그것을 살펴보도록 하자.

일부일처제에서의
지위경쟁

'더 많은' 배우자에서
'더 나은' 배우자로

일부다처제 혹은 일처다부제에서는 더 많은 배우자가 높은 지위를 상징했다. 그럼 일부일처제 사회에서는 어떨까? 일부일처제 사회에서도 결혼은 계층 사다리를 오르기 위한 경쟁의 형태를 띤다. 이제는 아무리 지위가 높다고 해도 여러 명과 결혼할 수 없지만, 더 많은 배우자 선택 기회를 가지며 자신이 원하는 상대를 고를 수 있다. 이제는 '더 많은 배우자'를 가지는 경쟁이 아닌 '더 나은 배우자'를 고르는 경쟁인 것이다.

결혼에서의 지위경쟁은 다음과 같은 양상으로 나타난다. 먼저, 남녀 모두 자기 스스로가 더 높은 지위로 올라가야 더 높은 지위의 배우자를 만날 수 있다는 점을 잘 알고 있다. 잘난 남자가 잘난 여자를 만나고 못난 여자가 못난 남자를 만날 가능성이 높다는 점을 인식하고 있는 것이다. 이런 끼리끼리의 결혼을 '동질혼'이라고 부른다. 더 높은 지위의 상대를 만나기 위해서는 자신의 지위도 높아져야 한다. 그러니 일등 신랑감 혹은 일등 신붓감이 되고자 하는 노력은 일등 배우자를 만나기 위한 노력과 같은 의미라 할 수 있다. 기본적으로 결혼적령기의 남녀는 자신의 사회적, 경제적 능력을 높이기 위해 노력한다. 물론 이러한 노력은 이 책의 2~4장에서 소개된 노동·소비·교육에서의 지위경쟁과 밀접한 관계가 있다. 더 높은 지위의 배우자를 만나기 위해서는 노동

·소비·교육의 지위경쟁에서 앞서가야 하는 것이다.

이제부터 결혼과 지위경쟁에 대해 두 부분으로 나누어 이야기하고자 한다. 하나는 결혼 가능성을 높이기 위한 남녀의 지위 상승 노력에 대한 이야기이다. 여기서는 노동·소비·교육 분야 지위경쟁에서의 승리가 결혼 가능한 상대의 숫자를 늘리는 현실을 살펴볼 것이다. 그런 한편 배우자 선택의 기회를 확대하기 위한 이런 노력에는 남녀간 차이가 있음도 설명할 것이다.

또 다른 하나는 결혼에 당면한 예비 신혼부부들이 겪는 지위 경쟁에 대한 이야기이다. 여기서는 결혼, 즉 남녀가 만나 공식적으로 부부가 되는 생애과정에 지위경쟁의 면모가 어떻게 녹아들어 있는지 확인해볼 것이다. 지위경쟁은 '사회적으로 희소한 지위'를 둘러싸고 벌어지는 경쟁이다. 결혼에도 '남들의 눈에 띄는 결혼'과 '주변 사람들이 부러워하는 결혼'이 있다. 하지만 이런 최상급의 결혼에는 만만찮은 비용이 요구된다. 단순히 결혼을 준비하는 비용뿐만 아니라 결혼 후 예상되는 출산·육아비용과 양육비용도 여기 포함시킬 수 있다. 독자들이 주목할 점은 결혼에 수반되는 이러한 비용들이 너무나 빠른 속도로 상승해왔다는 것이다.

결혼 비용의 급격한 상승은 '다른 이들이 흉내도 낼 수 없는 결혼'을 꿈꾸는 이들이 많아지고, 이러한 결혼이 다른 이들을 자극하기 때문에 발생했다. 노동·소비·교육의 지위경쟁에서 승리한 사람들이 치른 성대한 결혼과 이들의 양육방식은, 결혼과 육아에 대한 사회적 기준을 지속적으로 높여왔다. 2015년 기준 신혼부부 한 쌍당 결혼비용 2억4000만 원, 자녀 1인당 대학까지의 양육비가 3억 원을 넘어서는 현실이 이를 방증한다. 이런 '억' 소리 나는 비용에 대다수의 서민들은 엄청난 부담을 느낀다. 하지만 결혼비용으로 2억4000만 원을 쓴다고 특별히 남들 눈에 띄는 것도 아니다. 그 정도를 써야 중간은 간다는 애기다. 체면치레를 넘어 '남들이 부러워하는 결혼'을 위해서는 이보다 훨씬 많은 비용을 지출해야 한다. 이러한 현실 속에서 많은 젊은이들은 결혼을 미루거나 포기해왔다.(이 글을 통해 독자들은 지속적으로 높아진 결혼 비용과 양육비용이 우리 사회의 복지를 감소시킨다는 걸 뒤에서 확인하게 될 것 이다).

상향혼이 가져오는
지위경쟁의 폐해

줄 세우기가 만연한 문화에서의 동질혼은 순위가 비슷한 사람들끼리 만난다는 의미로 해석되기도 한다. 교육이나 경제력 등의 순위가 비슷한 사람들이 만난다는 뜻이다. 많은 연구들은 '동질혼'이 계층의식을 공고하게 만들어 불평등을 고착시킨다고 주장한다. 또 혹자는 반드시 일등 신랑감이 일등 신붓감을 만나고, 꼴찌 신랑감이 꼴찌 신붓감을 만나는 모양새는 아니라고 반문할 수도 있겠다. 이른바 '평민'과 '귀족'이 결혼하는 사례도 있지 않은 가. 우리나라에서 최고 잘나가는 기업의 회장님 딸과 결혼한 평 사원의 예도 있다. 영국에선 몰락한 귀족 출신으로 찰스 황태자 와 결혼했던 다이애나 왕세자빈의 사례도 있다. 하지만 이런 일 을 주변에서 경험할 확률은 매우 낮다. 드물기 때문에 떠들썩하 게 화제가 되는 것이다. 현실에서는 대체로 잘난 남자가 대체로 잘난 여자를 만나고, 그렇지 못한 남자가 그렇지 못한 여자를 만 나는 경우가 더 흔하다.

동질혼은 동서고금을 막론하고 나타나는 현상이다. 동질혼이 지배적인 사회에서는 남녀 모두 사회경제적 지위를 높이기 위해 노력한다. 이러한 사회경제적 지위는 노동에서뿐만 아니라 소비 ·교육 부문의 지위경쟁에서 승리할수록 높아진다.

하지만 이러한 동질혼 현상에 추가될 내용이 있다. 현실에서 는 자기보다 더 잘난 배우자를 택하려 노력한다는 점이다. 자신 보다 더 나은 사회경제적 지위의 이성과 결혼하는 것을 '상향혼 hypergamy, marrying up' 혹은 '승가혼昇嫁婚'이라고 한다. 사회학자나 인류학자들은 이러한 상향혼이 특히 여성에게서 크게 나타난다 고 이야기한다. 여자들이 사회경제적 지위가 더 높은 남자와 결 혼하는 경향이 크다는 것이다. 그리고 이러한 상향혼은 가부장제 사회에서 더욱 크게 나타난다는 점 또한 강조한다. 남성에게 사 회경제적 자원이 집중되어 있는 가부장적 사회에서, 여성이 지위 를 높일 수 있는 거의 유일한 수단이 혼인이기 때문이다.

가부장 사회인 인도에서는 여성의 상향혼이 아주 보편화되어 있다. 특히 시골 처녀가 도시 남자에게 시집가는 형태의 상향혼은 인도에서 흔히 볼 수 있는 결혼 형태이다.[8] 딸 가진 부모들에게 최고의 남편감은 도시에 살고 있고, 더 높은 카스트에 속해 있는 사람이다. 딸을 이렇게 좋은(?) 집안에 보내는 경우, 신부 측 가문은 한 단계 업그레이드될 수 있는 기회를 갖는다.

인도의 결혼 풍습에 포함된 지참금 관행은 결혼과 지위 상승 사이의 관계를 보다 적나라하게 보여준다. 인도에서의 결혼지참금은 현금이나 부동산, 고급 가구 등 다양한 형태를 띤다. 믿어지지 않는 사실은 결혼지참금이 적다는 이유로 매년 8000명이 넘는 여자들이 죽임을 당한다는 점이다.[9] 이런 비극이 1시간당 1명 꼴로 발생하는 셈이다. 인도 사정에 밝은 사람들은 행정당국에 보고되지 않은 경우까지 고려한다면 실제로 더 많은 이가 결혼지참금으로 목숨을 잃는다고 본다. 상황이 이러하니, 신부 측에서는 딸아이의 결혼지참금을 마련하기 위해 신체 장기를 팔거나 고리 대출을 받는 부모들도 많다고 한다. 결혼지참금을 마련할 엄두를 못 내는 부모들이 많은 시골지역에서는 여자아이를 살해하는 일도 많이 일어난다.

인도에서는 1950년 이후부터 결혼적령기의 남자들이 지속적으로 줄어들었다. 그래서 가난한 집안 출신의 여자들은 결혼할 확률도 낮아졌고, 동시에 결혼지참금도 꾸준히 증가해왔다. 또한 결혼을 한다고 해도 남편에게 학대당할 가능성이 높아졌다.

이렇듯 결혼지참금으로 인한 사회적 폐해가 심해지자 인도에서
는 1961년 결혼지참금 금지법Dowry Prohibition Act을 도입했다. 이
법에서는 결혼지참금을 요구할 경우에는 6개월 이상의 징역과
5000루피(약 100달러) 정도의 벌금을 부과했다. 하지만 이러한 법
에도 불구하고 지금도 인도 전역에서 결혼지참금이 관례로 행해
지고 있다.

　부유하고 신분이 높은 계층일수록 결혼지참금을 더 많이 요
구하리라는 건 쉽게 예상할 수 있다. 결혼지참금의 액수가 '얼마
나 집안이 좋은지'를 상징하기 때문이다. 아예 결혼지참금의 품

목과 액수를 적어서 하객들이 보도록 결혼식장에 걸어두기도 한다. 이러한 관례는 결혼지참금이 사회적 신분을 반영한다는 걸 잘 보여준다.

이런 상황에서는 결과도 뻔하다. 법으로 금지했음에도 결혼지참금은 계속 높아지기만 했다. 결혼지참금이 신랑과 신부가 결혼 후 잘 먹고 잘 살 수 있도록 돕는 경제적 보조의 성격이라면, 필요한 만큼의 지참금을 준비하면 된다. 또한 신부 측이 더 지위가 높은 신랑 측에 지불하는 돈이라면 딱 지위의 차이만큼만 지불하면 된다. 하지만 인도에서의 결혼지참금은 필요한 만큼 준비하는 게 아니다. 많으면 많을수록 좋은 것이다. 보다 정확히 말하자면 남들보다 많으면 좋은 것이다. 이러한 예는 결혼에서 지위경쟁이 벌어질 때의 폐해를 가장 잘 보여준다고 하겠다.

결혼 경쟁에서 남녀의 지위는
다른 기준으로 평가된다

상향혼은 여성의 사회 참여가 늘고 지위가 향상되면서 점차 약화되어왔지만, 어느 정도는 사회적 관습으로 남아 있다. 그런데 상향혼 문화는 사회경제적 지위가 높은 여성에게 불리하게 작용하는 경향이 있다. 우리나라 여성들의 경우 학력이 높을수록 결혼에 성공할 확률이 크게 떨어진다고 주장하는 연구[10]가 있다. 실제로 최근까지 가장 혼인율이 높은 사람들은 고졸 이하의 여성 그룹이었다. 외국에서도 비슷한 연구 결과가 있다. 의과대학 학생들을 대상으로 진행한 어느 연구[11]에서 교육 수준을 중심으로 진행되는 상향혼이 남자와 여자에게 서로 다른 영향을 미치고 있음을 확인했다. 이 연구에서는, 대부분의 여성들이 자신의 학력이 높아짐에 따라 선택할 수 있는 배우자가 점차 적어진다고 답했다. 남자들이 학력과 소득이 높은 여성을 부담스러워하기 때문이다. 반면에 대부분의 남성들은 학력 수준이 높을수록 배우자 선택의 범위가 넓어진다고 답했다. 이는 남성의 경우 사회경제적 지위가 올라가면 결혼 경쟁에서 유리해지지만 여성의 경우는 그렇지 않음을 보여준다.[12]

이런 차이는 결혼시장에서 남성의 지위와 여성의 지위가 다른 기준으로 평가되기 때문에 발생한다. 여자들이 자신보다 더 나은 상대를 배우자로 원하는 것처럼 남자들도 더 나은 상대를 원한다. 다만 남자와 여자가 생각하는 '더 낫다'의 기준이 다르다.[13] 단도직입적으로 얘기하면, 남자는 여자의 외모physical attractiveness를, 여자는 남자의 사회경제적 능력을 더 중시하는 경향이 있다. 남자는 자신보다 조금 더 '외모의 매력도가 높은 여자'를 선호하고, 여자는 자신보다 더 '학력 및 경제력이 높은 남자'를 원하는 것이다.

결과적으로 남자들의 경우는 사회경제적 능력을 높이려 노력하고, 여자들의 경우는 외모를 가꾸는 데 많은 공을 들이게 된다.

그것이 결혼 경쟁에서 경쟁력을 올려주기 때문이다. 물론 우리 사회의 모든 남녀가 이러한 경향을 보이는 건 아니다. 그래서 일부 독자들에게는 이 얘기가 불편하게 들릴 수도 있겠다. 하지만 이러한 선호를 기준으로 결혼시장이 형성되었다는 수많은 증거들이 도처에 있다. 또한 국내외의 여러 연구 결과들 또한 같은 내용을 보여준다. 이런 에피소드를 한번 보자.

얼마 전 서점 문구류 코너에서 다음과 같은 우스개 문구가 새겨진 노트가 인기를 끌었다. "10분만 더 공부하면 남편의 직업이 바뀐다." "10분만 더 공부하면 아내의 얼굴이 바뀐다." 앞의 문구는 여학생들을 위한 노트에, 뒤의 문구는 남학생들을 위한 노트에 적혀 있었다. 노트의 만화 캐릭터도 우스꽝스런 모습을 하고 있었다.

지나가는 사람들의 입에서 푸핫! 하는 웃음이 터져나왔다. 하지만 사람들은 웃지 말아야 할 대목에 웃어버린 것처럼 "이거 너무 적나라한 거 아냐?"라고 말하며 금세 찜찜한 마음을 감추지 않았다. 아마도 공부를 좋은 직업의 남자를 만나거나 예쁜 여자를 만나기 위한 수단으로 전락시키는 농담이 마음에 걸렸을 것이다. 또한 직업과 외모로 사람을 고르는 듯한 뉘앙스도 속물적이라 느꼈을 것이다. 어쩌면 여자들이 더 큰 불쾌감을 느꼈을지도 모르겠다. 남자의 경우 열심히 노력해서 바꿀 수 있는 직업을 대상으로 한 반면, 여자의 경우 선천적으로 주어지는 얼굴을 대상으로 했으니 말이다.

하지만 저질 농담으로 치부하고 무시하기엔 뭔가 진실을 담고 있는 듯하다. 그것이 불쾌하게 느껴지는 이유도 불편한 진실을 말하는 측면이 있어서일 것이다. 노트에 새겨진 문구에서처럼 정말 남자에게는 여자의 얼굴이, 여자에게는 남자의 직업이 배우자를 선택하는 기준인 걸까?

유명 학술지에 실린 한 연구[14]를 살펴보자. 이 연구에서는, 여자의 경우 자신보다 더 나은 교육을 받거나 사회적 지위가 높은 남자를 선호하는 것으로 나타난다. 하지만 남자의 경우는 이와는 반대로 자신보다 더 매력도attractiveness가 높은 여자와 결혼하기를 원했다. 보다 구체적으로 들어가면 남자들은 '육체적 매력' '몸매' '머리 색깔' '눈 색깔' '얼굴의 피부상태' 등을 배우자 선택의 주요한 기준으로 삼고 있다. 남자는 여자를 외모로 판단하는 경향이 있음을 실증하는 것이다. 우리나라에서 예비 신랑신부를 대상으로 진행한 연구[15]도 같은 결과를 내놓았다. 결혼희망자 총 1만7206명(남성 8154명, 여성 9052명)을 대상으로 한 설문조사 자료를 이용한 국내의 한 연구에서도 남성은 여성의 외모를 가장 중시하고, 여성은 남성의 경제력과 직업을 가장 중시하는 것으로 나타났다.

이런 학술연구를 따질 것도 없이 당장 인터넷 검색창에 '결혼 등급표'란 키워드를 쳐서 검색해보라. 수많은 종류의 등급표가 쏟아져나올 것이다. 직업에 따라 예비 신랑과 신부를 1등급에서 15등급까지 분류해놓은 표, 재산과 학벌에 따라 10등급으로 분류한 표 등 그 종류도 매우 다양하다. 결혼정보업체들은 '결혼점수' 혹은 '배우자 지수'를 중심으로 등급을 만들어 회원들을 줄 세운다. 결혼정보업체에 회원으로 가입하기 위해서는 학력과 연봉, 키 등의 다양한 정보를 입력해야 한다. 그럼 이 업체는 이러한 정보를 바탕으로 가입자가 결혼시장에서 얼마나 '가치'가 있는지 점수를 매긴다. 그런데 남녀에 따라 이들이 부여하는 가중치가 다르다. 남자의 경우에는 '사회경제 조건'에, 여자의 경우에는 '신체매력 조건'에 가장 큰 가중치를 둔다. 결혼정보업체들은 '남자는 능력, 여자는 외모'라는 공식이 깨지지 않았다고 강조한다.[16]

이와 같은 남녀의 선호 차이는 한 결혼정보업체의 설문조사에서도 나타난다. 이 설문업체는 결혼을 준비하고 있는 미혼남녀들을 대상으로 "이상형인 배우자감을 찾는 데 있어 가장 큰 걸림돌이 무엇이라고 생각하는지" 물었다.[17] 이 질문에 미혼남성들은 자신의 '능력'을, 미혼여성들은 자신의 '외모'를 1순위로 꼽았다고 한다.

이처럼 남자는 외모적 매력에 가중치를 두고, 여자는 상대편의 학력 및 경제적 능력에 가중치를 둔다. 그래서 남녀가 시도하는 상향혼의 패턴이 서로 다르게 나타나는 것이다. 사회생물학자들은 이런 차이가 먼 옛날부터 남자들은 아이를 잘 낳을 수 있는 건강미 넘치는 여자를 선호하고, 여자들은 자신과 아이를 지키고 먹여 살리는 데 도움을 주는 남자를 선호했기 때문에 그런 성향이 진화한 것이라고 주장한다. '더 건강하고 젊고 외모가 출중한' 여자를 원하는 남자의 선호와, '더 똑똑하고 사회경제적 지위가 높은' 남자를 원하는 여자의 선호는 우리의 DNA에 각인되어 있다는 것이다.[18]

지위가 낮으면
결혼도 못 한다

이제 본격적으로 현실의 사례를 살펴보자. 우리나라의 결혼 문화는 앞서 살펴본 것처럼 동질혼과 상향혼이 합쳐진 형태라는 특징이 있다.

먼저, 우리나라에서 교육과 직업의 유사성을 중심으로 짝을 짓는 동질혼 추세가 강하게 나타나고 있다. 이러한 동질혼은 분명 경쟁의 한 속성을 보여준다. 더 높은 지위의 배우자를 맞이하고 싶다면, 자신의 지위도 높아져야 한다. 순위가 높은 사람이 비슷한 순위의 배우자를 택하면, 그 다음 순위도 자신과 비슷한 순위의 배우자와 함께 한다. 짝짓기에도 위계가 존재해서 위에서 아래로 채워져 나간다.

둘째로, 우리나라에선 학력과 소득을 중심으로 한 여성의 상향혼 경향도 강하게 나타났다. 여성들이 자신보다 높은 학력이나 소득을 가진 남자들을 선호한다는 뜻이다. 그래서 남자의 경우

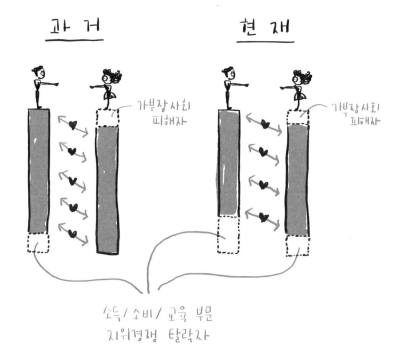

학력이 낮을수록 짝을 찾을 가능성이 떨어지고 있다.[19] 더 구체적으로는 남자의 경우 대학에 가지 못할 경우 결혼 가능성이 낮아졌다. 반대로 여성의 상향혼 경향은 학력이 높은 여성의 결혼을 어렵게 만들었다. 학력이 높아질수록 자신보다 높은 학력을 가진 집단이 줄어들기 때문이다. 실제로 최근의 한 연구[20]는 대졸 여성의 결혼 확률은 고졸 여성보다 약 8% 낮다는 결과를 보여주었다. 더욱 놀랍게도 석사나 박사학위를 가진 여성의 경우에는 대졸 여성보다 결혼 확률이 약 50%나 낮았다.

전반적인 동질혼 경향에 여성의 상향혼이 결합된 결과는 무엇일까? 계층사다리의 가장 아래쪽에 있는 남성이 가장 큰 피해자가 되었다. 물론 여성에게도 어느 정도의 경제적 능력을 요구하는 오늘날에는 계층사다리 가장 아래쪽에 있는 여자도 좋은 배우자를 찾는 데 어려움을 겪는다. 또한 계층사다리의 가장 높은 곳에 위치한 여성 역시 미혼으로 남게 될 가능성이 높다. 앞서 밝혔듯 이런 여성 입장에서 결혼할 만한 배우자를 찾기 힘들기 때문이다.

상대에게 과도한 경제력이나 외모를 바라는 문화는 결혼을 생각하는 젊은이들에게 이상과 현실의 괴리를 느끼게 하고, 이는 결혼비용을 상승시키는 압력으로 작용했다. 통계자료를 통해 최근 우리나라의 결혼 양상을 살펴보면 이러한 현상이 도드라짐을 확인할 수 있다.

통계청에서 발행된 『한국의 사회동향 2015』에 의하면, 1995년에는 20~30대의 65%가 결혼을 했다. 하지만 이 비율은 꾸준히 낮아져 2010년에는 47.6%로 떨어졌다. 15년간 무려 17.4%포인트가 낮아진 것이다. 흥미로운 사실은 이러한 결혼 감소 추세는 학력이 낮은 사람들이 결혼을 못하면서 나타나고 있다는 점이다.[21] 20~30대 대졸자 중 기혼자 비율은 1995~2010의 15년 동안 약 55% 정도로 일정하게 유지되었다. 하지만 1995년 70% 정도였던 고졸자 중 기혼자 비율은 2010년 약 45%로 크게 줄어들었다. 중졸자 중 기혼자의 비율은 같은 기간에 81.8%에서 51.9%

로 무려 29.9%포인트나 하락했다.

또 다른 특징적 양상은, 20~30대 고졸 이하 학력자의 결혼이 어려워지는 현상이 여성보다 남성에게서 두드러진다는 점이다. 이들 계층에서는 남녀를 불문하고 1995~2010년 사이 15년 동안 결혼비율이 급격히 감소했는데, 남자의 결혼 비율은 60%에서 32%로 여자는 79%에서 56%로 감소해 고졸 이하 남자의 결혼 비율이 여자보다 더 많이 줄어들었다. 그 이전에도 고졸 이하 남자의 결혼 비율이 더 낮았는데, 현재는 고졸 이하 남자 3명 중 1명만 결혼하고 있는 셈이다.

통계청 보고서에서는 청년들의 결혼을 늦추는 가장 중요한 요인으로 경제적 어려움을 꼽고 있다. 또 다른 연구에서는 결혼이 늦어지는 9가지의 주요한 원인 중 1위부터 3위까지가 경제적 이유로 나타났다. '수입 불충분' '불안정한 직장' '결혼비용' 등이 그 이유들이었다.[22] 결혼시기가 점점 늦어지는 건 우리나라만의 현상은 아니다. 영국[23]과 미국[24] 등 선진국의 경우도 점차로 결혼시기가 늦어지고 있다. 그리고 이 두 나라 역시 경제적 요인이 결혼시기를 늦추는 결정적 요인이다. 이렇게 사회경제적 지위가 낮은 사람들이 점차 결혼으로부터 멀어지고 있으며, 결혼시장에서 사회경제적 지위가 중요하게 평가되는 남성이 더욱 피해를 보고 있는 것이다.

소득과 결혼 여부의 관계에 대해 살펴본 국내연구는 아직 없다. 하지만 이를 꼭 연구를 통해 증명할 필요는 없다. 2015년 현제 자식 결혼을 위해 아들 가진 부모는 평균 8000만 원, 딸 가진 부모는 6000만 원을 써야 하는 현실이니 말이다.[25] 결국, 돈 있는 부모의 든든한 후원 없이는 결혼하기 힘들다는 얘기이다. 저소득층의 결혼이 힘들 수밖에 없는 이유다.

한국보건사회연구원의 연구 결과[26]에서도 학력이 높을수록, 그리고 소득이 증가할수록 미혼들의 이성교제 빈도가 높아지는 것으로 나타났다. 특히 고졸이하의 학력과 1500만 원 이하의 연봉에서는 이성교제 빈도가 급속히 떨어지는 것으로 분석되었다. 또한 최근에 수행된 한 연구[27]에서는 남녀 모두에게 '취업 유무'가 결혼의 확률을 크게 높이고 있었다. 다만 '임금'의 경우는 남자의 결혼 확률에 큰 영향을 미치고 있는 반면, 여자의 결혼 확률에는 별다른 영향을 미치지 않았다. 보다 구체적으로, 35세인 남자의 경우에 100만 원에서 300만 원으로 임금이 증가하면 결혼 확률이 3배 올라가는 것으로 나타났다.

결혼비용의 증가는
지위경쟁의 영향이다

1999년 신혼부부 한 쌍당 결혼비용은 7630만 원이었다. 이 비용은 매우 빠른 속도로 증가해 2001년에는 8664만 원, 2003년 1억 3498만 원, 2005년 1억2944만 원, 2007년 1억7245만원이 되었

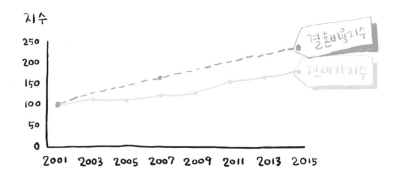

다. 물가상승률을 훌쩍 뛰어넘는 상승세다. 앞서도 밝혔듯 2015년 현재는 약 2억 4000만 원에 이른다.[28] 보통 남자가 결혼비용의 64%를, 여자가 36%를 부담한다고 하니, 남자는 1억 5000만 원, 여자는 8500만 원을 결혼비용으로 지출하는 꼴이다. 이 돈을 모으려면 한 달에 100만 원을 저축한다고 해도 남자는 15년, 여자는 8년이 더 걸린다. 물론 한 달에 100만 원 이상을 저축하기도 보통 힘든 일이 아니다. 참으로 답답한 상황이 아닐 수 없다.

결혼비용이 왜 이렇게까지 증가한 걸까? 대개는 지난 15년간 집값 또는 전셋값이 올랐기 때문이라고 생각할 것이다. 전체 결혼비용 중 신혼집 마련 비용이 60~70%를 차지하는 상황을 고려하면, 집값 상승이 결혼비용을 증가시키는 주요한 요인임에 틀림없다. 하지만 지난 15년간 결혼비용과 전셋값 증가율을 비교해보면 결혼비용의 증가폭이 전셋값 증가폭을 크게 앞지르고 있다.[29](여기서 전셋값 대신 집값을 적용해도 마찬가지 결과가 나온다.) 주거비용 상승이 결혼비용을 증가시키는 전부는 아니란 얘기이다. 결혼을 준비하는 남녀는 신혼집 마련 이외 항목에서도 과거보다 점점 더 많은 돈을 지출하고 있다. 여기에는 예물과 예단뿐만 아니라 예식장, 혼수용품, 신혼여행, '스드메(스튜디오 촬영, 드레스, 메이크업)' 등을 위한 비용이 포함된다. 계속된 경기 부진으로 가계소득은 제자리걸음인데도 결혼비용은 빠른 속도로 상승한 이유는 무엇일까?

무엇보다 '남부럽지 않은 결혼'이 또 하나의 경쟁거리가 되어 젊은 세대에게 강박감을 심고 있다. 대다수 젊은이들은 이 시대의 결혼이 너무 사치스럽다고 생각한다. 그리고 그런 결혼 풍조가 '남만큼은 써야 제대로 된 결혼이다'는 사고에서 비롯된 것도 잘 알고 있다.[30] '이 정도의 결혼비용이면 충분하다'라는 기준은 '다른 사람들이 얼마나 쓰고 있는지'에 따라 달라진다. 만일 누군가가 결혼비용을 많이 쓰면, 다른 이들도 이에 반응한다. 결혼비용 또한 쫓고 쫓기기의 끝없는 꼬리물기의 과정이고, 이 과정 속에서 결혼비용은 지속적으로 높아져왔다.

결혼비용은 대다수의 젊은이들에게 큰 부담이다. 남들을 흉내내다 가랑이가 찢어진 신혼부부들도 많다. 모두가 경제적 부담을 느끼지만 비용지출은 줄이지 않는 상황, 바로 지위경쟁으로 인해 대다수의 신혼부부들이 고통을 받는 상황이다. 하지만 꿀리지 않기 위해서 남들만큼은 지출해야 하는 상황은 지속되고 있다. 남들만큼 쓰지 못하는 젊은이들은 때로 결혼을 포기하는 게 낫다고 생각하기도 한다.

우리나라의 경우, 결혼 후 아이를 키우는 비용에 대한 부담도 결혼 생각을 가로막는다. 아이를 낳으면 한 아이당 매월 120만 원 정도를 분유값·보육비·교육비·위생용품·의류비·의료비· 유아용품비 등으로 지출해야 한다.[31] 이는 가구당 월평균소득의 23%에 해당하는 액수다. 소득이 적다고 육아에 들어가는 돈을 무턱대고 줄일 수는 없다. 기본적으로 들어가는 고정비용이 크기 때문이다. 그러니 월소득 300만 원 이하의 가구에서도 50% 이상 이 70만 원에서 100만 원 정도를 육아비용으로 쓴다.

아이가 사회에서 제 몫을 할 수 있게끔 키울 때까지의 총 비용은 어마어마하다. 자녀 1인당 대학 졸업까지의 총 양육비[32]는 2012년 기준으로 약 3억1000만 원이라고 한다. 이 자녀 양육비 또한 2003년 약 2억 원, 2006년 약 2억3000만 원, 2009년에는 약 2억6000만 원으로 큰 폭으로 증가해왔다.

지속적으로 높아지는 결혼비용을 따라잡기 위해서는 다음의 두 가지 중 하나는 갖추어야 한다. 비용을 대줄 수 있는 든든한 부모를 두거나, 아니면 소득이나 학력·학벌이 받쳐주거나. 소득이나 학력에서의 지위경쟁은 더 나은 배우자를 위한 경쟁과 톱니바퀴처럼 맞물려 있다. 그래서 든든한 부모를 두지 못한 젊은이는 결혼에 성공하기 위한 최소한의 소득이나 학력을 확보해야 한다. 그래야 경쟁의 사다리에서 떨어져 나가지 않는다.

앞으로도 결혼 비용은 계속 증가할 것이다. 누군가가 남들이 부러워할 만한 호사스러운 결혼을 치르고 있고, 이를 본 누군가도 남들에게 꿀리지 않는 결혼을 준비하고 있기 때문이다. 낮은 지위로 추락하지 않기 위한 젊은이들의 노력이 계속되는 한, 저소득·저학력 계층에게 결혼은 더더욱 언감생심이 되어갈 것이다. 비극이다. 낭비적 경쟁의 결과라는 점에서 더 안타까운….

06

무한히
허용해서는
안 되는
지위경쟁

우리 사회의 경쟁에서 뒤처진 낙오자들은 사회 시스템의

오작동으로 인한 부산물이 아니다. 이들을 만들어내는

논리는 시스템에 내재해 있으며 낙오자의 존재 자체가

시스템의 일부분이다. 모두가 잘해도 상대평가의 잣대를

들이대는 순간 뒤처진 자는 존재할 수밖에 없다.

낙오자를 만들어내야만
굴러가는 시스템

지난 50년간 우리 국민 대부분은 정말로 열심히 일했다. 그래서 1960년대에는 그야말로 전세계에서 최빈국 수준에 들었던 우리 나라가 지금은 세계가 인정하는 부자 나라로 발전했다. 전쟁의 후유증을 벗어나지 못했던 때, 그리고 주린 배를 움켜잡고 혹독한 시절을 보내야 했던 때가 불과 반세기 전의 일이다. 배를 곯던 시절은 절대적 욕구가 우리 사회를 압도했다. 먹을 게 부족해서 또 잘 곳이 없어서 육체적으로 고통스러웠고, 심지어는 생존 자체를 위협받기까지 했다. 당시에는 경제의 성장을 통해 이런 기본적 욕구를 해결하는 것이 급선무였다.

우리는 어떻든 이웃 나라들이 부러워하는 빠른 경제성장과 발전을 이루어냈다. 전세계 사람들은 이를 '한강의 기적'이라 불렀다. 하지만 이는 거저 일어난 기적이 아닌 피나는 노력의 산물이었다. 이런 노력 없이 어찌 50년 전에 비해 50배나 잘살게 되었겠는가? 이는 우리가 이루어낸 정당한 결실이었다. 이제 제대로 먹지 못해 뱃가죽이 등에 붙어 있는 사람들을 찾기 힘들고, 시장엔 먹을 것과 입을 것이 넘쳐나고 있다.

하지만 우리의 노력은 멈추지 않았다. 기적을 이룩한 국민들은 아직도 결핍감에 괴로워하고 있다. 그래서 세계 최고 부자인 빌 게이츠 회장이 세상에서 가장 행복한 사람일 것이라 믿고,[1] 그와 같이 되기 위해 더 열심히 일해야 한다고 생각한다. 더 높은 지위를 위한 우리의 노력은 앞으로도 멈추지 않을 것이다. 이 사회는 우리의 모든 일상에 항상 '상대평가'라는 잣대를 들이대며 순위를 매기고 있기 때문이다. 상대평가를 통한 차등화, 그리고 이런 차등화에 기반을 둔 보상과 벌칙의 극단적인 격차는 멈출 수 없는 무한 경쟁의 쳇바퀴로 사회 구성원들을 몰아넣었다.

프랑스의 철학자 장 보드리야르Jean Baudrillard는 우리가 살고 있는 시스템은 '잘나가는 자'와 '못나가는 자'를 동시에 확보해야 생존이 가능한 구조라고 강조한다. 불평등한 질서 속에서 이득을 보는 사람들은 이런 시스템이 유지되도록 '풍요의 환상'과 '성장의 신화'를 만들어낸다. 이들은 격차를 확연하게 드러내는 시스템의 중요성을 잘 알고 있다. 우리가 살고 있는 '순위에 기반해 돌아가는 사회'는 이런 사회의 변형된 형태다. 순위만 정하면 그 다음에는 시스템 스스로가 자신이 어떤 조건에서 몸집을 불려 나갈 수 있는지를 이해하며 발전해나간다. 시스템은 '잘나가는 자(순위가 높은 자)'와 '못나가는 자(순위가 낮은 자)'의 불평등을 조장함으로써 자신을 보전한다. 이 시스템은 불평등에 의존하지 않고는 생명력을 가지지 못한다는 것도 잘 알고 있다. 보드리야르는 이렇게 말한다.

우리가 사는 사회는 '잘나가는 자'와 '못나가는 자'를 동시에 산출해내고, '충족'을 만들어내는 만큼 '불만족'도 산출해내며, 또

'진보'를 산출해내는 만큼 '공해'도 유발하지 않고서는 존속할 수 없다. 체계의 유일한 논리는 살아남는 것이며, 이런 의미에서 체계의 전략은 인간사회를 불안정한 상태, 끊임없는 부족不足의 상태로 유지하는 것이다. (…) '못 나가는 자'들을 끌어올리거나 없애버릴 수 없는 이유는 이들의 잘못이 이들 자신 속에 있는 것이 아니라 시스템의 구조 속에 존재하기 때문이다.[2]

우리 사회의 경쟁에서 뒤처진 낙오자들은 사회 시스템의 오작동으로 인한 부산물이 아니다. 이들을 만들어내는 논리는 시스템에 내재해 있으며, 낙오자의 존재 자체가 시스템의 일부분이다: 모두가 잘해도 상대평가의 잣대를 들이대는 순간 뒤처진 자는 존재할 수밖에 없다. 시스템은 뒤처지지 않기 위해 더 열심히 일한 사람들을 이용해 자신의 몸집을 불려왔던 것이다.

격차에 기반을 둔 시스템은 그 속에서 낙오되는 사람들의 아픔을 보듬지 못한다. 시스템은 자신이 살아남기 위한 조건만을 알고 있을 뿐 사회와 개인이 어떻게 되는지에 대해서는 아무 상관하지 않기 때문이다.

시스템은 앞서가는 사람들에게 후한 보상을 해서 사람들의 부러움을 유발한다. 그리고 뒤처진 사람들에게 벌칙을 가하거나 도태되도록 내버려두어 위기의식을 조장한다. 앞서가는 사람은 자신이 가진 우월적 지위를 뺏기지 않기 위해 노력하고, 뒤처진 사람들은 앞사람을 쫓아가기 위해 사력을 다한다. 아무리 큰 성취를 이루어도 "이만하면 되었다!"고 말할 수 없는 것은 우리 사회가 상대평가가 만드는 경쟁의 무한 루프, 즉 쳇바퀴 상황에 처해 있기 때문이다.

지금까지 이 책은 지위경쟁이 어떠한 방식으로 우리의 다양한 삶 속에 깊숙이 침투해 있는지를 설명했다. 여기서는 지위경쟁의 폐해에 대해 다시 한 번 요약하며, 왜 이러한 경쟁을 무한히 허용해서는 안 되는지에 대해 강조하려 한다. 물론 다음에서 정리하고 있는 여러 이유들은 서로 밀접한 관계 속에서 설명될 수 있다.

지위경쟁은
행위의 본질을 잃게 만든다

이 세상엔 상대평가를 통해 줄 세우기 쉬운 게 많다. 예를 들어, 누가 빨리 달리는지, 누가 가장 큰 키를 가졌는지, 누가 가장 줄넘기를 잘하는지 등은 명확한 기준을 가지고 있다. 하지만 평가의 기준이 애매모호한 상황도 종종 접하게 된다.

다음과 같은 어린아이와의 대화를 보자.

"딸기가 좋아, 포도가 좋아?"

"포도!"

"그럼 포도가 좋아, 사과가 좋아?"

"사과!"

"아 그렇구나! 그럼 사과가 좋아, 딸기가 좋아?"

"음…. 딸기!"

딸기·포도·사과가 빙빙 도는 구조이다. 딸기·포도·사과는 확실한 우열 관계에 있지 않다. 하지만 우리가 겪는 상대평가에서의 경쟁은 이런 빙빙 도는 구조를 만들지 않는다. 100명이 참가하는 경쟁에서는 1등은 2등보다 좋고, 2등은 3등보다 우월하다. 그리고 100등은 그 누구보다 열등한 지위다. "100등은 꼴찌이긴 하지만 남다른 특성이 있기 때문에 꼴찌라 인정할 수 없다"고 말하는 자는 순위 시스템을 이해하지 못하는 사람이다. 순위 체계에서의 선후先後 관계에는 군더더기가 없다. 등수로 표현되는 시스템에서는 숫자가 작으면 작을수록 좋은 것이다.

비오는 날에는 빈대떡이, 추운 날에는 따뜻한 탕이, 기분이 좋은 날에는 가벼운 스낵이, 속상한 날에는 속이 탁 풀리는 매운 짬뽕이 유난히 생각나는 사람에게 좋아하는 음식을 순서대로 말해보라 하자. 그리고 그 날이 때마침 비가 오는 날이라 이 사람은 '빈대떡이 가장 훌륭한 음식'이라고 대답했다고 치자. 이 대답을 듣고 어느 누구도 그 사람은 빈대떡만 먹어야 된다고는 생각하지 않는다.

사람들은 이런 순위 시스템이 가지는 한계에 대해 잘 알고 있다. 토너먼트 식으로 경쟁을 하면서 최후의 가수왕 1인을 뽑는 서바이벌 프로그램은 순위 시스템이 가지는 한계를 잘 보여준다.

아마도 많은 사람들이 전문가의 판단에 의해서 최후까지 남게 된 1인이 가장 노래를 잘 하는 사람이라고 생각할 것이다. 그런데 당신이 심사자라면 그중에서 가장 노래를 잘 부르는 한 사람을 뽑을 수 있겠는가? 어떤 가수는 감미로운 목소리로 노래를 잘 부르고, 또 어떤 가수는 끈적끈적한 목소리로 재즈풍의 곡을 잘 소화해낸다. 그리고 또 어떤 가수는 헬륨가스를 마신 듯한 독특한 음색으로 사람들의 마음을 움직이기도 한다.

비교 불가능한 능력을 가진 가수들에게 점수를 부여해야 하는 야릇한(?) 상황을 만들기 때문에 프로그램이 재미있어지는지도 모르겠다. 아무튼 우승자는 거액의 상금뿐만 아니라 유명 연예기획사에서 가수활동을 할 수 있는 기회까지 가지게 된다. 마지막까지 경합을 벌였던 다른 경쟁자들도 가수로서 우승자만큼 아름다운 목소리를 가지고 있었지만, 우승자만큼 스포트라이트를 받지는 못한다.

순위를 기반으로 돌아가는 시스템에서는 등수의 체계가 보상의 기준이 된다. 상위에 랭크된 사람들이 모든 보상을 싹쓸이하는 순간, 보상을 받지 못한 사람들의 노력은 무익한 헛수고가 된다. 줄을 세울 수 없는 내용인데도 반드시 줄을 세워야 하는 상황이 발생한다면, 그 줄을 세우는 사람의 기준이 중요해진다. 심사위원이 "힘 빼고 읊조리듯 노래를 부르는 게 진짜 노래다"라고 믿으면, 경쟁자들은 자신의 본디 노래 스타일을 버려야 줄의 앞쪽으로 나아갈 수 있다. 앞서 든 대학의 예도 마찬가지다. 유력 언론사가 A와 B, 그리고 C의 기준을 충족시켜야 경쟁력 있는 대학이라고 규정하면, 다른 부분에 정성을 쏟는 것은 쓸데없는 짓이라 생각하기 쉽다. 이처럼 누군가 힘 있는 자가 나타나, 지금부터는 이러저러한 기준을 적용해서 줄 세우기를 하겠다고 선언하면, 그 기준에 적용되지 않은 많은 행위들이 헛수고가 돼버린다.

이런 상황에서 우리가 두려워해야 할 것은, 경쟁의 내용보다는 순위 자체에 집착하는 우리들의 모습이다. 남들보다 더 나은 위치를 점하고자 하는 노력은, 행위 자체의 본질을 망각하기 시작하면서부터 위험해진다. 가수 서바이벌의 순위매김과 대학의 순위매김이 위험한 이유는 노래의 본질, 그리고 대학의 본질이 마치 높은 순위에 있는 것처럼 인식되기 때문이다.

남보다 더 많은 시간을 일터에서 보내겠다고 생각하는 노동자, 그리고 그런 노동자를 쫓는 또 다른 노동자가 많아지는 순간, 우리 사회는 일에 파묻혀 지내는 사람들로 넘쳐나게 된다. 마찬가지로, 다른 학생들보다 높은 성적을 받기 위해 밤잠을 줄여가며 공부하는 학생, 그리고 그런 학생을 쫓는 또 다른 학생들이 많아지는 순간, 우리 사회는 공부에 파묻혀 지내는 학생들로 넘쳐날 것이다. 다시 한 번 강조하지만, 더 많은 시간을 일터에서 보내는 행위, 밤잠을 설쳐가며 더 많이 공부하는 행위 자체가 사회적으로 독려되어야 마땅한 것이면 문제는 없다. 다른 사람보다 더 열심히 일하는 노동자, 다른 학우들보다 더 열심히 공부하는 학생이 무슨 문제란 말인가? 다만, 지위경쟁이 문제가 되는 상황은,

노동자가 '노동의 본질(노동이 노동자에게 주는 의미)'을 망각하고, 그리고 학생들이 '공부의 본질(학습이 학생에게 주는 의미)'에 대해 생각하지 않는 경우이다.

다른 사람과의 비교를 통한 상대적 지위가 관건인 사회에서는, 경쟁 행위가 극단으로 진행되기 십상이다. 자정까지도 학교를 떠나지 못하는 학생이나, 휴일에도 출근하는 노동자, 빚을 내서 몇 백만 원 짜리 가방을 사는 사람 등. 하지만 이들은 자신이 왜 그러한 행위를 하는지에 대해 곰곰이 생각지 못하게 되는 경우가 많다. 학습행위와 근로행위, 그리고 소비행위가 지위를 높이는 수단으로 전락했기 때문이다. 이게 지위경쟁사회가 안고 있는 딜레마다.

지위경쟁은
모두의 행복을 깎아먹는다

우리는 마치 운동경기를 하는 선수들과 같다. 게임에서 이기는 것이 우리가 알고 있는 '가장 좋은 결과'이다. 경기에 참여한 선수들도 바라는 것은 흠잡을 데 없는 플레이를 하는 게 아니다. 상대보다 더 잘해서 상대를 이기는 것만이 의미가 있다. 이래야만 다음 경기에 나갈 수 있고, 운동선수로서 성공할 수 있다. 축구선수의 예술과 같은 골도, 농구선수의 묘기와 같은 덩크슛도 상대편에게 지면 그 빛을 잃는다. 그래서 조금이라도 더 앞서가기 위해 최선을 다한다. 앞서가는 사람은 뒷사람에게 자리를 빼앗기지 않기 위해 노력을 게을리할 수 없다. 결국 모두가 쉴 수 없다.

운동선수들은 항상 도핑(경기에서 이기기 위한 금지약물복용 행위)의 유혹에 시달린다고 한다. 1988년도 서울올림픽 남자육상 100m 결승에서 9.79초의 세계신기록을 세웠지만 약물 복용으로 금메달을 박탈당한 벤 존슨Ben Johnson을 기억하는가? 당시 그는 1987년 이탈리아 로마에서 열린 제2회 세계육상선수권대회에서 9.83초를 기록해 칼 루이스의 종전 세계기록을 경신하는 이변을 연출한 전도유망한 선수였다. 하지만 이 캐나다 선수는 서울올림픽에서 약물 복용이 적발되어 2년간 출전 금지라는 불명예를 안고 본국으로 귀국했다. 귀국 후 당시의 약물검사 결과는 허브차 때문이라고 해명했고, 벤 존슨의 팬들은 그의 해명을 믿고 싶어 했다. 하지만 1993년 두번째 약물 복용 사실이 발각된 이후 그에게는 영구적인 출전 금지 명령이 내려졌다.

운동선수들의 도핑 유혹이 얼마나 강한지는 1980년대 수행된 한 연구에 잘 드러나고 있다. 이 연구는 운동선수들에게 '금메달을 따는 게 확실히 보장되는 약이 있다면, 그 약을 복용할 것인지'를 묻는 설문조사를 진행했다. 단 여기에는 어마어마한 조건이 달려 있다. 그 약을 먹은 후 5년 정도가 지나면 반드시 죽는다는 것이다. 놀랍게도 50% 이상의 운동선수들이 그렇게 하겠다고 답했다고 한다. 이와 비슷한 조사는 이후에도 수차례 반복되었다. 하지만 약을 투여하겠다는 선수들의 응답률에는 큰 변화가 없었다. 도핑의 유혹에 대한 이 충격적인 결과는 이 연구를 수행한 로버트 골드맨Robert Goldman의 이름을 따서 '골드맨의 딜레마 Goldman's dilemma'라고 불리고 있다.

이처럼 도핑 유혹이 강한 상태에서, 약물에 대한 금지 규정이 없다면 어떤 일이 벌어질까? 아마도 초기에는 약물을 복용하는 선수들이 거의 없을 것이다. 인체에 해가 될 뿐만 아니라 약물의 힘을 빌려 경기에 임한다는 것 자체가 불공정하게 느껴지기 때문이다. 하지만 일부 선수들이 약물을 시도하고 나면 그때부터 이야기는 다르게 전개될 수 있다. 약물의 위험을 감수한 선수들은 그 대가로 비교적 쉽게 최고의 지위에 오를 수 있다.

이렇게 되면 나머지 선수들도 약물을 복용한 선수의 결과에 자극받아 서서히 약물을 복용할 가능성이 높다. 그렇지 않으면 도태되기 때문이다. 시간이 지남에 따라 약물 복용을 거부한 선수는 부진한 성적으로 서서히 사라져갈 것이고, 경기장에는 약물을 복용하는 선수만 남는 상황이 올 것이다. 결국 모두가 약물을 복용할 때와 모두가 약물을 복용하지 않을 때의 경기 결과에는 차이가 없다는 것을 쉽게 짐작할 수 있다. 이때도 달라진 것은 단 하나뿐이다. 이젠 모두가 약물을 복용하며 자신의 건강을 해치고 있다는 사실 말이다.

지위상승을 위한 개인의 노력은 합리성rationality에 기반을 둔다. 하지만 이런 합리적인 개인들의 노력이 행복의 총량(=개인들의 행복을 모두 합한 값)을 줄어들게 할 수 있다. 혹자는, 한 사람의 지위 상승은 다른 사람의 지위 하락을 의미하기 때문에 행복의 총량은 일정하게 유지된다고 얘기할는지도 모른다. 단기적으로는 각 지위가 주는 행복의 총합은 고정되어 있다고 볼 수 있다. 하지만 더 높은 지위를 얻기 위해 모두가 노력할 때에는 레드퀸 효과가 발생한다. 모두가 더 많은 힘을 쏟지만, 지위에는 변동이 없는 상황 말이다. 이런 상황이 지속되면 행복의 총량도 결국 감소하게 된다. 이게 무한경쟁의 폐해이고 목적을 잃은 지위경쟁을 규제해야 하는 이유이다.

시장근본주의market fundamentalism를 옹호하는 사람들은 경쟁이 제한되어서는 안 된다고 얘기한다. 이들은 경쟁에 개입하지 않고 그대로 놔두어야 가장 바람직한 결과가 나타난다고 믿는다. 또한 모두가 자신의 행복을 위해 최선을 다해 경쟁하면, 모두가 느끼는 행복의 총합이 커질 것이라 생각한다. 남을 이기기 위한 개인의 노력이 사회를 물질적으로 풍요롭게 만들었다는 건 의심할 여지가 없다. 이제는 예전과 같은 굶주림에 시달리는 사람을 주변에서 찾아보기 힘들다. 그래서 배를 주리던 예전보다 행복해졌다는 것도 맞는 말이다. 이제 우리는 '배고파 죽을 확률'보다 '배불러 죽을 확률'이 더 높은 시대를 살고 있으니 말이다. 비만·당뇨·동맥경화 등이 풍요의 시대에 나타난 부작용이다. 지금 풍요의 시대가 이런 부작용들을 컨트롤하지 못한다고 말하려는 게 아니다. 다만, 이런 온갖 상품이 차고 넘치는 시대에도 경쟁을 통해서 이보다 더 큰 부를 창출해야 한다고 믿는 게 틀렸다는 말이다. 시장은 물질적 풍요 이외에 정신적이고 사회적인 부분을 풍요롭게 해주는 데는 한계가 있다. 시장을 맹신하는 믿음이 우리 모두를 불행의 늪에 빠지게 할 수 있다는 것이다.

사실 우리 주변에서는 경쟁으로 인한 폐해를 막기 위한 집단적 노력의 예를 쉽게 발견할 수 있다. 경제학의 과점oligopoly 이론을 생각해보자. 시장에 5인의 공급자가 존재하고, 그들이 판매하는 제품의 종류와 가격이 똑같다고 상정하자. 이런 상황에서 한 공급자가 가격을 낮추면 소비자들은 그 공급자의 물건을 사려고 할 것이다. 나머지 4인의 공급자는 손가락만 빨아야 한다. 당연히 이들도 가만히 지켜보지 않는다. 그들도 손해를 보지 않으려 가격을 낮출 것이다. 결국 처음으로 가격을 낮추었던 공급자는 단기적으로 이득을 얻었을 뿐 장기적으로는 낮은 가격으로 판매하게 되어 손해를 보는 꼴이 되었다. 그리고 나머지 4인의 공급자도 이젠 더 낮은 가격에 제품을 시장에 내놓을 수밖에 없는 상황이다. 모두가 손해를 보는 '출혈 경쟁'의 상황이란 이런 것이다.

물론 이런 과정에서 소비자는 상당한 이득을 본다. 전보다 싼 가격으로 물건을 구매할 수 있기 때문이다. 하지만 공급자들은 가격인하 경쟁이 자신들에게 손해를 끼치고 있음을 알아차린다. 그래서 그들은 가격을 일정 수준 이하로 내리지 말자고 서로 약속을 한다. 이러한 가격 담합은 개인의 이득을 극대화할 수 있는 방향으로 경제적 행위를 한 결과이다.

석유수출국기구인 오펙OPEC의 카르텔 또한 이런 맥락에서 이해할 수 있다. 오펙은 12개국으로 이루어져 있는데, 이들은 이 기구를 통해 각자 회원국별 생산 쿼터를 정한다. 회원국들은 담합을 통해 원유의 가격을 일정하게 유지하고, 새로운 기업들이 시장에 진입하는 걸 막기도 한다. 카르텔은 석유 공급자가 자신들을 위해 맺은 일종의 동맹과도 같은 것이다.

물론 위에서 설명한 독점이나 과점의 '동맹'은 소비자에게는 좋지 않은 영향을 주는 행위로, 법으로도 금지돼 있다. 다만 여기서의 요지는, 일상을 살아가는 우리들도 이런 식의 동맹이 없다면 경쟁으로 인한 폐해로 고통받을 수 있다는 점이다. 무한 경쟁은 무한 출혈로 이어질 수밖에 없다. 시장에 노동력을 공급하는 5인의 노동자들 가운데 노동시간을 늘린 1인의 노동자에게만 크게 보상한다면, 나머지 4인의 노동자도 상대적 박탈감에 더 열심히 일하려 노력할 것이다. 하여 장기적으로는 모두가 더 많이 일해야 하는 사회가 될 것이다. 물론 이러한 경쟁으로 인해 회사의 생산성은 늘어나고 사회의 생산성도 증가할지 모르지만, 지금 우리 사회는 그렇게 무리해서까지 생산성을 향상시켜야 할 만큼 빈곤한 사회가 아니다.

소비에서도 마찬가지다. 5인의 소비자들이 있다고 할 때, 소비를 크게 늘인 1인의 소비자가 눈에 띄는 차별적 존재로 부각된다면, 나머지 4인의 소비자는 상대적 박탈감을 느낄 것이다. 그래서 이들도 더 소비하려고 노력할 것이고, 모두가 더 소비하는 사회가 될 것이다.

이런 이야기의 변주는 끝이 없다. 다른 이의 득得이 나의 실失로 이어지는 구조. 그리고 이러한 구조 속에서 가장 윗부분에 있는 소수가 결실을 독점하는 구조가 존재하는 한, 경쟁은 치열해질 수밖에 없다. 그리고 이러한 경쟁은 많은 이들의 힘만 빼는 결과로 이어질 것이다.

지위를 상승시키려는 노력은 인정받기 위한 노력이다. 또한 타인에게 사랑받기 위한 노력이고 행복해지기 위한 몸부림이다. 행복해지기 위해 타인을 눌러야 하는 상황. 그렇게 하지 않으면 내가 불행해지는 상황. 그래서 대다수가 불행할 수밖에 없는 상황. 이것 또한 지위경쟁이 가진 딜레마이다.

지위경쟁은
더욱 더 큰 격차를 발생시킨다

상대평가가 사람의 마음을 움직이기 위해서는 각 단계별로 보상의 차이가 커야 한다. 차등화가 효과를 발휘하기 위해서는 보수가 골고루 분배되어서는 안 된다. 일단 최후의 승자가 가져가는 보수를 극대화하고, 나머지에게는 '나도 할 수 있다는 환상'을 심어주어야 한다. 이는 일부 사람들에게 몰아주기를 하는 로또의 원리와 똑같다. 1등에 당첨될 확률은 고작 815만 분의 1이지만

복권을 사는 사람 모두는 1등을 꿈꾼다. 로또에서 1등 당첨 확률은 벼락을 맞을 확률인 28만 분의 1보다도 압도적으로 낮다.[3] 보다 쉽게 얘기하면 로또 당첨 확률은 지나가다 벼락을 30번이나 맞을 확률이다. 하지만 사람들은 '로또에 당첨됨' 혹은 '로또에 당첨되지 않음'의 둘 중 하나로 생각하는 경향이 강하다. 815만 분의 1의 확률을 2분의 1의 확률로 받아들이는 것이다.

이런 긍정적 '최고 지향' 경향이 사회에 만연하면 몰아주기가 사람들의 불만을 유발하지 않는다. 언젠가는 자신들도 최고가 될 수 있다고 믿기 때문이다. 그래서 상대평가의 규칙을 만드는 사람들은 잘나가는 자들에게만 후하게 보상하는 시스템을 택한다. 이래야 2등이 1등에 도전하고 3등이 2등에 도전한다. 물론 꼴찌도 궁극적으로는 1등에 도전한다. 그런데 보수를 위쪽에 몰아주면 나머지 사람에게 돌아가는 보수는 줄어들게 마련이다. 대다수의 보수는 그들의 노력에 비해 작아진다. 상대적 격차를 조장하는 사람들은 잘 알고 있다. 만일 경쟁에 참여하는 사람들이 자신의 보수에 만족해버리는 날에는 줄 세우기의 효과가 없어진다는 것을.

회사는 인사고과에서 좋지 못한 점수를 받은 사람들의 보수를 동결하고, 이들이 올려 받지 못한 보수를 고과 등급이 높은 사람들에게 준다. 해가 거듭될수록 이 차이는 벌어지고 상대적 격차는 커진다. 회사에서 성공한 사람들의 보수는 일반 직원의 수십 배, 아니 수백 배가 되기도 한다. 이 과정에서 뒤처지는 자는 죽어라 노력하게 되고, 앞서가는 자도 마음이 불안해 죽어라 노력한다.

이처럼 우리 사회의 상대평가 문화는 소수에게만 이득을 주는 방향으로 나아가고 있다. 높은 지위에 오른 소수가 사회의 온갖 보수를 독식하는 구조는 지속가능하지 않다. 이를 증명하는 데 복잡하고 어려운 얘기를 할 필요는 없다. 모노폴리(한국에서는 '블루마블'이라는 이름으로 더 잘 알려졌다.) 게임의 결과가 어떤지를 생각해보면 된다. 모노폴리 게임에서는 모두가 평등한 자본을 가지고 시작한다. 그러나 초기에 운이 좋아 주사위를 잘 던지게 되

땅도 많고 건물도 많은데
임대료낼 사람은 어디로.

면 좋은 땅문서를 선점할 수 있고, 임대료를 받게 된다. 이 게임은
가진 자가 더 가지게 되고, 못 가진 자가 더 잃게 되는 마태효과
Matthew effect의 전형을 보여준다.[4] 부의 불균형이 심화될수록 가진
자는 못 가진 자의 돈을 더욱 빠르게 쓸어 모은다. 시간이 지날수
록 가난한 사람이 부자를 이길 가능성은 제로에 가까워진다. 이
게임의 목적은 승자를 가리는 것이다. 물론 승자는 다른 이들을

모두 파산시킨 사람이다. 하지만 모노폴리에서는 끝이 있을지라도 현실에는 끝이 없다. 만약 현실에서 앞서가는 사람이 남의 돈을 다 뺏고 나면 그것은 승리라고 말할 수 없다. 그건 더 이상 임대료를 낼 사람도, 물건을 살 사람도 없이 모두가 패배하는 상황이기 때문이다.

지위의 격차를 기반으로 돌아가는 우리 사회가 모노폴리 게임의 중반부에 다다른 느낌이다. 이제 일반인들에겐 상위 1%가 가진 부는 '엄청나게 크다'는 것 이상의 의미를 지니지 않는다. 이들에겐 '큰 부'와 '더욱 큰 부'의 차이는 더 이상 체감되지도 구별되지도 않는다. 누군가가 100억을 가졌든 1000억을 가졌든, 나머지 99%에겐 그냥 엄청난 재산일 뿐이다. 일반 사람들은 상위 1%를 '상위 계층'이 아닌 '상위 계급'으로 인식하며 더 이상 따라잡을 수 없음을 실감하고 있다.

이러한 격차가 더욱 확대된다면 승자에 대한 부러움이 서서히 분노와 증오로 바뀌어갈 것이다. 지금 당장 지속가능한 경제시스템에 대해 고민이 필요하다. 상대평가와 불평등을 기반으로 하는 지위경쟁 시스템이 위험 신호를 울리고 난 다음에는 어떠한 처방도 먹히지 않는다는 걸 염두에 두어야 한다. 지금이라도 늦지 않았다. 사회 구성원 대다수의 상대적 박탈감이 그 어느 때보다 깊어진 작금의 상황은 우리에게 새로운 시스템에 대한 '협력적 고민'의 필요성을 촉구하고 있다.

| 註 |

머리말

1   https://www.facebook.com/jim.park.9400/posts/897672327012663

01 지위경쟁이란 무엇인가

1   Kwoh, L., 2012, 「Rank and Yank' Retains Vocal Fans」, 『The Wall Street Journal』, January 31, 2012.

2   Congleton, R. D., 1989, 「Efficient Status Seeking: Externalities, and the Evolution of Status Games」, 『Journal of Economic Behavior and Organization』, Vol. 11, No. 2, pp. 175~190.

3   루이스 캐럴, 손영미 옮김, 『거울나라의 앨리스』, 시공주니어, 2001.

4   갤브레이스는 애덤 스미스와 리카도의 경제학이 빈곤의 시대에 훌륭하게 적용될 수 있는 이론이라 평가하면서, 그의 책 『풍요한 사회The Affluent Society』(1958)에서 빈곤한 시대의 경제학은 그 역할을 다했고 풍요의 시대에 맞는 경제학이 필요하다고 역설했다. 이에 대해서는 존 갤브레이스, 노택선 옮김, 『풍요한 사회 The Affluent Society』(한국경제신문, 2006)를 참고하시오.

5   X축을 소득으로, Y축을 가구수(혹은 사람수)로 설정해 그래프를 그리면, 대개 평균소득 이하(X축의 왼쪽)에 많은 가구가 분포하는 모양이 나타난다. 우측으로 긴 꼬리를 가지는 분포를 양성왜도(positive skew)의 특성이 있다고 말한다.

6   JTBC, 「직장인 평균월급 264만원…평균치 맞나?」, 〈JTBC뉴스〉, 2015년 9월 7일.

7   KB금융그룹 홈페이지(https://www.kbfg.com/)를 참조하시오.

8   금융자산은 예적금, 보험, 주식, 채권뿐만 아니라 각종 금융투자상품에 예치된 자산의 합을 의미한다. 여기에는 부동산 및 기타 실물자산은 제외된다.

9   로버트 프랭크, 안세민 옮김, 『경쟁의 종말』, 웅진지식하우스, 2012.

10   아담 스미스, 김수행 옮김, 『국부론』(상), 동아출판사, 1992, p.22.

11   Frank, R. H., 1985, 『Choosing the Right Pond: Human Behavior and the Quest for Status』, Oxford University Press, New York.

12 사회적 부를 창출하지 못하는 쓸데없는 노력이라는 의미에서 순위를 높이려는
노력은 지대추구 행위(rent-seeking behavior)와 비교된다. 지대추구행위란 개
인이나 기업이 정부에 로비를 해서 다른 사회구성원으로부터 부의 이전(transfer
of wealth)을 꾀하는 것, 즉 타인의 몫을 뺏어오는 행위를 가리킨다. 지대추구행
위는 로비를 통해 공급을 한정시켜 필요 이상의 수익을 얻는다. 지대추구행위는
일반적으로 매우 큰 노력이 요구되지만 부를 창출하지 못하고 다른 구성원의 부
를 빼앗는 역할만 하기 때문에 사회적 비용, 즉 후생손실만 증가시킨다.

02 끝없는 노동을 부추기는 지위경쟁

1 Edward P. L. and Rosen S., 1981, 「Rank-Order Tournaments as Optimum
Labor Contracts」, 『Journal of Political Economy』, Vol. 89, No. 5, pp. 841-864.

2 보다 정확히 말하면, 고전경제학에서 임금의 결정은 생산성에 의해 결정되는 것
이 아니라 '한계생산성(marginal productivity)'에 따라 결정된다. 노동의 한계생
산성은 근로자 한 명이 더 투입될 때 증가하거나 감소하는 생산량을 의미한다.
기업의 입장에서는, 노동 한 단위 투입에 따른 추가적 소득이 임금보다 크다면
더 많은 고용을 통해 수익 극대화를 꾀할 수 있다. 기업은 '노동 1단위 투입에 따
른 추가적 소득 = 임금'이 되는 시점에서 몇 명을 채용할지를 결정한다.

3 마스터스 대회(Masters Tournament), 브리티시 오픈(The Open Championship),
PGA 챔피언십(PGA Championship), US오픈(U.S. Open)을 말한다.

4 존 러스킨, 곽계일 옮김, 『나중에 온 이 사람에게도』, 아인북스, 2010, p.68.

5 Bell, L. and Freeman, R. B., 2001, 「The Incentive for Working Hard: Explaining
Hours Worked Differences in the US and Germany」, 『Labour Economics』, Vol.
8, No. 2, pp. 181-202.

6 Solnick, S. and Hemenway, D., 1998, 「Is More Always Better?: A Survey on
Positional Concerns」, 『Journal of Economic Behavior & Organization』, Vol. 37,
No.3, pp. 373-383.

7 실제로 영국 5000명의 근로자를 대상으로 행복감을 조사한 클락(Clark)과 오즈
왈드(Oswald)의 연구에서는, 자신과 여건이 비슷한 사람보다 더 작은 봉급을 받
는 것이 행복감에 부정적 영향을 미친다고 분석했다. 이 연구에서 발견된 흥미

로운 점은 '절대적 소득'보다 '상대적 소득'이 행복감에 더욱 강하게 영향을 준다는 점이다(Clark, A. E. and Oswald, A. J., 1996, 「Satisfaction and Comparison Income」, 『Journal of Public Economics』, Vol. 61, pp. 359-381).

8   Keynes, J, M., 1931, 「Economic Possibilities for Our Grandchild」, 『Essays in Persuasion』, Palgrave Macmillan(UK), pp. 326-327.

9   러다이트(Luddites)는 19세기에 새롭게 도입된 기계에 반대한 영국 면직 산업 노동자들을 일컫는 말이다. 러다이트 그룹은 새롭게 도입된 기계가 그들의 일자리를 빼앗고 있다고 생각했고, 이에 기계를 부수기도 했다. 요즘에는 기술에 대한 혐오증을 보이는 사람들을 러다이트라고 부르기도 한다.

10   Frey, C. B. and Osborne, M. A., 2013, 『The Future Of Employment: How Susceptible Are Jobs To Computerisation?』, Oxford Martin.

11   미국기업연구소(American Enterprise Institute) 홈페이지(http://www.aei.org/)에서 인터뷰 전문을 제공하고 있다.

12   폴 라파르그, 조형준 옮김, 『게으를 수 있는 권리』, 새물결, 2013, p.53.

13   폴 라파르그, 앞의 책, pp. 140-141을 참고하시오. 이상의 내용은 프레드 톰슨이 라파르그의 『게으를 수 있는 권리』에 붙인 영어판 서문에 실려 있다.

14   이에 대해서는 Mill, J. S., 1848, 『Principles of Political Economy』, Oxford World's Classics(7th edn., 1871), pp.124-130 을 참조하시오.

15   이상에서 언급된 이야기는 버틀런드 러셀의 『게으름에 대한 찬양In Praise of Idleness』(1935)에서 일부 내용을 발췌·요약한 것이다.

16   Davies, L., 2012, 「Progress and Poverty」, Work and Wealth(http://workandwealth.com/progress-and-poverty/)

17   영국에서 보수당의 마가렛 대처(Margaret Thatcher)가 정권을 잡은 1979년은 신자유주의(neoliberalism)의 시작으로 간주된다. 이것이 1979년이 격차분석의 시점으로 많이 사용되는 이유이다.

18   Davies, L., 2012, 「Progress and Poverty」, Work and Wealth(http://workandwealth.com/progress-and-poverty/)

19   Johnson, A., 「76% of Americans are Living Paycheck-to-Paycheck」, 『CNNMoney』, June 24, 2013 (http://money.cnn.com).

20   이철현, 「중산층, 실업·폐업 뒤 6개월 넘으면 빈곤층 된다」, 『시사저널』, 2009년

7월 22일.

21 전성필, 「취업준비생 10명 중 4명은 '공무원 시험 준비'…25만7000명 역대 최다」, 『조선일보』, 2016년 7월 21일.

22 강정현, 2014, 「누구에게도 도움 안 되는 SSAT」, 『중앙일보』, 2014년 4월 15일.

03 소비는 잘 보이기 위한 지위경쟁

1 롯데백화점 홈페이지 (http://store.lotteshopping.com/)를 참조.

2 현대백화점 홈페이지(http://www.ehyundai.com/)를 참조.

3 신세계백화점 홈페이지(http://www.shinsegae.com/)를 참조.

4 Guillen-Royo, M., 2008, 「Consumption and Subjective Wellbeing: Exploring Basic Needs, Social Comparison, Social Integration and Hedonism in Peru」, 『Social Indicators Research』, Vol. 89, No. 3, pp.535-555.

5 유한계급(leisure class)은 노동을 천시하고 자신이 소유한 재산으로 소비활동만을 하는 사람들을 의미한다.

6 그래서 사람들은 지위재를 베블런재(Veblen goods)라 부르기도 한다.

7 조광익, 2010, 「여가 소비와 개인의 정체성: 이론적 탐색」, 『관광연구논총』, 제22권, 제2호, pp. 3-25.

8 여기서의 이야기는 제프리 카플란(Jeffery Kaplan) 『오리온 매거진Orion Magazine』(2008,5/6월호)을 참조하시오.(http://www.orionmagazine.org/index.php/articles/article/2962/).

9 Kettering, C. F., 1929, 「Keep the Consumer Dissatisfied」, 『Nation's Business』, Vol. 17, No. 1, pp. 30 - 31.

10 경제학에서는 소비자들의 실질적 구매능력을 유효수요(effective demand)라고 부르며, 수요가 공급을 따라가지 못하는 현상을 유효수요의 부족현상이라고 부르고 있다. 유효수요의 중요성은 존 메이너드 케인스에 의해 크게 부각되었다. 케인스는 『고용, 이자 및 화폐의 일반이론The General Theory of Employment, Interest and Money』(1936)에서 공급이 수요를 창출한다는 세이의 법칙에 반대되는 이론 즉, 유효수요가 공급을 좌지우지할 수 있음을 역설했다.

11 소비자의 욕구가 생산자에 의해 새롭게 만들어지는 현상을 갤브레이스는 의존

효과(dependent effect)라 부른다. 갤브레이스의 의존효과는 그의 스승 베블런의 사상을 더욱 발전시킨 것으로 평가받고 있다.

12 Duesenberry, J. S., 1949, 『Income, Saving and the Theory of Consumer Behavior』, Harvard University Press, Cambridge, p.27.

13 McCracken, G. D., 1988, 『Culture and Consumption: New Approaches to the Symbolic Character of Consumer Goods and Activities』, Indiana University Press.

14 송혜진, 「청담동 며느리룩' 부산까지 시속 37m」, 『조선일보』, 2010년 8월 7일.

15 Myers, D. G. and Diener, E., 1995, 「Who is Happy?」, 『Psychological Science』, Vol. 6, No. 1, pp. 10-17.

16 Easterlin, R., 1974, 「Does economic growth improve the human lot? Some empirical evidence」, In 『Nations and Households in Economic Growth: Essays in Honour of Moses Abramowitz』(ed. P. A.David and M. W.Reder), New York and London: Academic Press.

17 Veenhoven, R., 1991, 「Is Happiness Relative?」, 『Social Indicators Research』, Vol. 24, No. 1, pp. 1-31.

18 Diener, E. and Biswas-Diener, R., 2002, 「Will Money Increase Subjective Well-Being?」, 『Social Indicators Research』, Vol. 57, pp. 199-169.

19 Kim and Ohtake, 2014, 『Status Race and Happiness: What Experimental Surveys Tell Us』, Korea Development Institute(Policy Study 2014-01), p.75.

20 원문은 "Men do not desire merely to be rich, but to be richer than other men" 이다. 이에 대해서는 Mill, J. S., 1907, 「On Social Freedom: or the Necessary Limits of Individual Freedom Arising out of the Conditions of Our Social Life」, 『Oxford and Cambridge Review』, June, 1907, p.69 를 참조하시오.

21 Frey & Stutzer(2002, p. 415) 그림의 가로축을 소득에서 소비로 바꿔 해석했다. Frey, B. and Stutzer, A., 2002, 「What Can Economists Learn From Happiness Research?」, 『Journal of Economic Literature』, Vol. 40, No. 2, pp. 402-435의 논문을 참조하시오.

22 '나는 생각한다. 그러므로 나는 존재한다(Cogito, ergo sum)'는 데카르트의 주요한 저서 『방법서설 Discours de la méthode pour bien conduire sa raison, et

chercher la vérité dans les sciences』(1637)에 기술되어 있다.

23 에리히 프롬, 김제 옮김, 『소유냐 삶이냐 To have or to be?』, 두풍, 1991, p.57.

04 학벌사회에서의 지위경쟁

1 김경준 외, 2014, 『한국 아동·청소년 인권실태 연구IV』, 한국청소년정책연구원.

2 서유정, 「초등생이 의대 전공과목 과외…사교육 광풍 끝은?」, 〈MBC 8시 뉴스데 스크〉, 2013년 7월 20일.

3 고시 주요순위는 베리타스 알파(http://www.veritas-a.com/)의 2014년 스페셜 기사를 참고했다.

4 옥철, 「500대 기업 CEO 절반 'SKY' 출신…최대학맥 '고대 경영'」, 『연합뉴스』, 2015년 7월 15일.

5 신진우, 「한국사회 파워엘리트 출신 대학분석: SKY, 20개 분야 중 10개서 1-3위 싹쓸이…CEO 해외파가 8%」, 『동아일보』, 2012년 9월 15일.

6 박세미, 「늘어난 서울대 수시전형, 최대 수혜는 강남 3구」, 『조선일보』, 2015년 1월 28일.

7 박채연, 「여덟 살의 꿈」, 이오덕 동요제를 만드는 사람들 엮음, 『복숭아 한번 실컷 먹고 싶다』, 보리출판사, 2014.

8 고등학교 졸업자의 대학교 진학률은 전문대와 교육대를 포함하고 있다.

9 구매력지수(PPP)기준 환산액이다.

10 김영화, 「도 넘은 대학 홀리건에 대학가 법적 대응 이어져」, 『중대신문』, 2014년 6월 9일.

11 이는 2011년 한나라당 권영진 의원실이 카이스트로부터 제출받은 자료에 의한 것이다.

12 김태원, 「카이스트 재학생 14.3%는 우울해」, 대한민국 국회 국정감사 자료, 2012년 12월 18일.

13 물론 『중앙일보』에서도 서로 다른 대학의 학과 간 평가결과를 제공하기도 한다. 하지만 이런 학과평가에 사람들의 관심은 대학평가에 비해 크게 떨어지고 있다. 실제로 '중앙일보 대학평가' 결과는 별도의 인터넷 홈페이지를 통해 상세히 다루고 있는 반면 학과평가는 간단히 정보만을 제공하고 있다.

14 '중앙일보 대학평가'의 2015년 교수연구부문 평가 결과이다.

15 '중앙일보 대학평가' 홈페이지(http://univ.joongang.co.kr/)에서 대학평가팀이 제공한 인사말의 일부 내용이다.

05 더 나은 배우자를 얻기 위한 지위경쟁

1 White, D. R., 1988, 「Rethinking Polygyny: co-wives, codes, and cultural systems」, 『Current Anthropology』, Vol. 29, No. 4, pp. 529-572.

2 Nielsen, F., 2004, 「The Ecological-Evolutionary Typology of Human Societies and the Evolution of Social Inequalities」, 『Sociological Theory』, Vol. 22, No. 2, pp. 292-314.

3 Nielsen, F., 2004, 「The Ecological-Evolutionary Typology of Human Societies and the Evolution of Social Inequalities」, 『Sociological Theory』, Vol. 22, No. 2, pp. 292-314.

4 Henrich, J., Boyd, R. and Richerson, P. J., 2012, 「The Puzzle of Monogamous Marriage」, 『Philosophical Transactions of the Royal Society B』, Vol. 367, pp. 657-669.

5 Wei, S., Zhang, X., and Liu, 2012, 「Status Competition and Housing Prices, NBER Working Paper Series(Working Paper 18000)」, National Bureau of Economic Research.

6 Henrich, J., Boyd, R. and Richerson, P. J., 2012, 「The Puzzle of Monogamous Marriage」, 『Philosophical Transactions of the Royal Society B』, Vol. 367, pp. 657-669.

7 「민법」 제810조 중혼의 금지 조항을 참조하시오.

8 Barber, J., 「Community Social Context and Individualistic Attitudes toward Marriage」, 『Social Psychology Quarterly』, Vol. 67, No. 3, pp. 236-256.

9 국가범죄기록국(National Crime Records Bureau, NCRB)에서는 결혼지참금과 관련해서 2013년에 8,233의 사망이 있었음을 보고했다.

10 이상림, 2014, 『혼인동향과 혼인이행 분석』, 보건사회 연구원

11 Townsend, J. M., 1987, 「Sex Differences in Sexuality among Medical Students:

effects of increasing socioeconomic status」, 『Archives of Sexual Behavior』, Vol. 16, pp. 425-444.

12 Meade, T., 2006, 『A Companion to Gender History』, Malden, MA: Wiley-Blackwell, p. 446.

13 Bokek-Cohen, Y., Peres, Y., & Kanazawa, S., 2007, 「Rational Choice and Evolutionary Psychology as Explanations for Mate Selectivity」, 『Journal of Social, Evolutionary』, and 『Cultural Psychology』, Vol. 2, pp. 42-55.

14 Bokek-Cohen, Y., Peres, Y., & Kanazawa, S., 2007, 「Rational Choice and Evolutionary Psychology as Explanations for Mate Selectivity」. 『Journal of Social, Evolutionary』, and Cultural Psychology, Vol. 2, pp. 42-55.

15 김용학·윤호영, 2013, 「결혼시장에서의 가치 교환」, 『한국인구학』, 제36권, 제3호, pp. 69-95.

16 심선혜, 「나는 몇 점짜리 신랑·신부감?」, 《위클리 조선》, 2008년 9월 7일.

17 최정아, 「미혼남녀, 이상형과 결혼 못하는 이유가…남 "능력", 여 "외모 때문" 씁쓸」, 《동아닷컴》, 2016년 8월 16일.

18 Hatfield, E. and Sprecher S., 1995, 「Men's and Women's Preferences in Marital Partners in the United States, Russia, and Japan」, 『Journal of Cross-Cultural Psychology』, Vol. 26, No. 6, pp. 728-750.

19 이상림, 2014, 「혼인동향과 혼인이행 분석」, 보건사회 연구원.

20 김성준, 2015, 「왜 결혼이 늦어지는가?」, 고려대학교 경제학과 석사학위 논문.

21 학력은 경제력(혹은 소득)과 매우 큰 상관관계가 있다. 그러니 여기서 살피는 학력별 혼인비율은 경제력별 혼인비율로 해석해도 그리 큰 무리가 없다. 우리나라에서는 결혼적령기인 20~30대의 경우 학력이 낮을수록 혼인비율이 낮아지는 경향을 보이고 있다.

22 통계청의 『한국의 사회동향 2015』에서 '미혼율 증가와 사회적 의미'를 집필한 서울대 한경혜 교수는 한국보건사회연구원(2012)의 『전국 출산력 및 가족보건·복지실태조사』 자료를 통해 이와 같이 밝히고 있다.

23 Wallop, H., 「Average Age for Women to Marry Hits 30 For First Time」, 『The Telegraph』, 30 March 2001.

24 미국지역서베이(American Community Survey) 자료를 참고하시오. (http://www.census.gov/programs-surveys/acs/).

25 김소영, 2014, 「고비용 결혼문화 개선을 위한 정책방안 연구」, 한국여성정책연구원.

26 조성호, 2014, 「최근 미혼 인구의 특성과 동향: 이성교제를 중심으로」, 보건복지포럼, pp. 14-23.

27 최필선·민인식, 2015, 「청년층의 취업과 임금이 결혼이행에 미치는 영향: 이산시간 해저드 모형의 응용」, 『한국인구학』, 제38권, 제2호, pp. 57-83.

28 결혼정보업체 선우 부설 한국결혼문화연구소(http://www.couple.net/kr/)와 듀오웨드(http://www.duowed.com/)의 설문조사 결과를 토대로 했다.

29 전세가 지수는 한국감정원의 「전국주택가격동향조사」자료를 참고했다.

30 한국소비자원의 보고서인 김두환(2013)의 「결혼비용 실태 및 소비자인식 조사」에 의하면, 설문응답자의 85%가 결혼의 호화사치 풍조가 존재한다고 답했다.

31 전지현·전훈식, 「육아경제학 ② "아이로부터 도망치고 싶을 때가 있다" 치솟는 육아부담」, 《프라임경제》, 2013년 7월 10일.

32 김승권 외, 2012, 『전국 출산력 및 가족보건·복지실태조사』, 한국보건사회연구원.

06 무한히 허용해서는 안 되는 지위경쟁

1 김신영, 「2011년 한국인이여 행복하라: 韓 물질주의, 美 3배·日 2배… 돈 집착·北 위협이 행복 빼앗아」, 《조선닷컴》, 2011년 1월 1일.

2 장 보드리야르, 이상률 옮김, 『소비의 사회 La societe de consommation』, 문예출판사, 1991.

3 이는 미국의 국립번개안전연구원(National Lightning Safety Institute, NLSI)에서 제공하는 통계자료에 의거한 확률이다. 미국 인구 2억8000만 명 가운데 매해 평균 1000명의 번개 피해자가 발생하는 것을 계산한 것.

4 마태효과는 신약성경 마태복음 13장 12절의 "무릇 있는 자는 더욱 받아 넉넉하게 되되 없는 자는 그 있는 것도 빼앗기리라"는 구절에서 착안, 가진 사람들의 누적적 혜택(accumulated advantage)이 지속적으로 증가하는 현상을 표현한 것이다. 이 마태효과라는 용어는 사회학자인 머튼(Robert Merton)이 처음 사용했다. 사회의 여러 분야에서 나타나고 있는 마태효과에 대해서는 대니얼 리그니, 박슬라 옮김, 『나쁜 사회 The Matthew Effect』(21세기북스, 2011)'를 참조.

| 찾아보기 |